汽车专项维修技术精华丛书

奔驰宝马 工程师编程设码 操作实例

彩色图解

济南捷锐奥奔宝汽车技术有限公司　组编
胡杰　编著

机械工业出版社
CHINA MACHINE PRESS

内容简介

《奔驰宝马工程师编程设码操作实例彩色图解》主要讲解奔驰、宝马工程师软件的使用方法，对软件界面、连接方式、进入步骤以及编程设码注意事项进行详细介绍，并讲述通过工程师软件排除故障的方法。

本书根据真实维修过程编写而成，图文并茂，从实践中来，到实践中去，适合奔驰、宝马维修人员、4S店维修技师、工程师软件爱好者阅读。

图书在版编目（CIP）数据

奔驰宝马工程师编程设码操作实例彩色图解 / 济南捷锐奥奔宝汽车技术有限公司组编；胡杰编著 . —北京：机械工业出版社，2018.6（2022.5 重印）

（汽车专项维修技术精华丛书）

ISBN 978-7-111-60329-0

Ⅰ . ①奔⋯　Ⅱ . ①济⋯ ②胡⋯　Ⅲ . ①汽车 – 电子系统 – 程序设计 – 图解　Ⅳ . ① U463.6-64

中国版本图书馆 CIP 数据核字（2018）第 141755 号

机械工业出版社（北京市百万庄大街 22 号　邮政编码 100037）
策划编辑：齐福江　　责任编辑：齐福江　谢　元
责任校对：张　力　　封面设计：鞠　杨
责任印制：张　博
涿州市般润文化传播有限公司印刷
2022 年 5 月第 1 版第 2 次印刷
184mm×260mm · 11.25 印张 · 263 千字
2501 — 3000 册
标准书号：ISBN 978-7-111-60329-0
定价：158.00 元

凡购本书，如有缺页、倒页、脱页，由本社发行部调换

电话服务	网络服务
服务咨询热线：010-88361066	机 工 官 网：www.cmpbook.com
读者购书热线：010-68326294	机 工 官 博：weibo.com/cmp1952
010-88379203	金　书　网：www.golden-book.com
封面无防伪标均为盗版	教育服务网：www.cmpedu.com

前　言

随着汽车工业的飞速发展，电子技术在汽车上应用越来越广泛，奔驰、宝马等高档汽车装配电控单元（俗称电脑）的数量更是庞大。由于新电脑价格昂贵，更换二手电脑成为修理厂的首选，但更换后无法用正常编程方法编程，只能用高权限的工程师软件进行编程，所以掌握奔驰、宝马工程师软件的使用方法已成为汽修行业的一个热点。

现在市面上关于工程师软件的教材讲得都不够详细，奔驰、宝马工程师软件的界面大部分是英文或德文，认识英文或德文的汽车维修人员比较少，英文或德文水平不高的汽修人员看着会有些困难，因此我编写了《奔驰宝马工程师编程设码操作实例彩色图解》。

本书内容涉及奔驰车系更换二手 EPS、气囊电脑，屏蔽气囊系统故障，取消尿素系统功能等；宝马车系更换模块后单编设码，音响主机删除证书、导入证书、计算导航激活码等。采用彩色图解的方式详细展现了每个操作步骤，并做了中文标示，让基础较差人员也可以轻松看懂书中的内容。

本书由济南捷锐奥奔宝汽车技术有限公司组编，胡杰编著，由于作者水平有限，如有不足之处，请读者批评指正，移动电话（微信）：18653123791，网址：www.jnjierui.com

编著者

目 录

前言

第一部分　宝马工程师软件操作实例

一、宝马E60 MPM单编设码　　2
1. E底盘车型编程设码所用快捷方式图标　　2
2. 导入编程设码数据步骤　　2
3. 绑定ICOM步骤　　6
4. 选择ICOM通信方式　　7
5. 读取控制单元信息的方法　　9
6. 编程详细步骤　　11
7. 设码详细步骤　　16

二、宝马F18 DME编程　　22
1. 查看ICOM绑定状态　　22
2. 编程设码软件E-SYS与车辆连接方法　　23
3. 读取车辆出厂集成等级方法　　26
4. 编程详细步骤　　28

三、宝马F02减振器设码　　36
1. 绑定ICOM步骤　　36
2. 编程设码软件E-SYS与车辆连接方法　　37
3. 设码详细步骤　　40

四、宝马F底盘车型强制编程方法　　44
1. 模块内文件介绍　　44
2. 强制编程详细步骤　　44

五、宝马E60禁用前乘客座椅识别传感器　48

1. 相关故障码　48
2. 绑定 ICOM 步骤　48
3. 选择 ICOM 通信方式　49
4. 读取气囊电脑设码文件详细步骤　50
5. 修改设码文件方法　55
6. 如何把修改后的设码文件写入电脑内　58

六、宝马音响主机分类　59

1. CCC 主机　59
2. CIC 主机　59
3. NBT 主机　60
4. EVO 主机　60

七、宝马CCC MASK汉化　61

1. 绑定 ICOM 步骤　61
2. 选择 ICOM 通信方式　62
3. 修改 VO 代码　64
4. 将中文参数写入 MASK 音响主机　70
5. 用 Tool32 激活中文显示　71

八、宝马CIC主机删除导航证书　74

1. 查看 ENET 测试线与车辆连接状态　74
2. FileZilla 连接 CIC 主机方法　75
3. 删除证书详细步骤　77
4. 检查证书是否删除成功　79

九、Tool32删除宝马NBT主机导航证书　81

1. 绑定 ICOM 步骤　81
2. 选择 ICOM 通信方式　82
3. 用 Tool32 删除 NBT 证书详细步骤　83

十、宝马F底盘车型CIC/NBT主机导入证书　　87

1. 绑定 ICOM 步骤　　87
2. 与车辆建立连接步骤　　88
3. 导入证书和校验详细步骤　　90

十一、EC-APPS计算导航激活码　　100

1. 打开 EC-APPS 软件　　100
2. 导入 FSC 文件　　100
3. 选择导航码类型　　101
4. 输入导航码方法　　102

十二、BMWAiCoder计算导航激活码　　103

1. 打开导航码计算软件　　103
2. 导入 FSC 文件　　104
3. 导航码计算详细步骤　　104
4. 输入导航激活码　　106

第二部分　奔驰工程师软件操作实例

一、奔驰Vediamo工程师基础知识　　108

1. Vediamo 首界面功能介绍　　108
2. CBF 与 CFF 文件存储路径　　108
3. 工程师软件中常用控制模块名称　　108
4. 查询工程师软件中模块名称的方法　　109
5. 与模块建立连接的方法　　112
6. 进入模块后各项功能介绍　　113

二、奔驰W166 GL350取消尿素系统功能　　114

1. 根据原车电脑软件号找出对应取消尿素系统功能的软件号　　114
2. 与 CR60LS 发动机电脑建立连接的详细步骤　　115
3. 解锁发动机电脑　　119
4. 修改设码数据　　119

5. 通过编程写入取消尿素系统功能的软件　　120

6. 拔掉尿素系统电脑插头　　122

三、奔驰W166关闭预热指示灯和发动机故障指示灯　　123

1. 与仪表建立连接　　123

2. 取消预热指示灯　　125

3. 取消发动机故障指示灯　　126

四、奔驰W164取消尿素系统锁止　　128

1. 解析　　128

2. 与CR6BIN5EU6发动机电脑建立连接的详细步骤　　129

3. 发动机电脑编程详细步骤　　131

4. 与SCRCM尿素电脑建立连接的详细步骤　　135

5. 尿素电脑编程详细步骤　　136

6. 注意事项　　140

五、奔驰W166屏蔽儿童座椅识别传感器　　141

1. 相关故障码　　141

2. 与气囊电脑建立连接的详细步骤　　141

3. 修改设码数据详细步骤　　145

4. 注意事项　　147

六、奔驰W221屏蔽儿童座椅识别传感器　　149

1. 相关故障码　　149

2. 与气囊电脑建立连接的详细步骤　　149

3. 修改设码数据详细步骤　　152

4. 注意事项　　153

七、奔驰W212更换二手发动机电脑　　155

1. 与发动机电脑建立连接的详细步骤　　155

2. 修改FIN详细步骤　　157

八、奔驰W212更换二手EPS　　　　　　　　　160

1. 与发动机电脑建立连接的详细步骤　　　　160
2. 修改 VIN 详细步骤　　　　　　　　　　　162

九、奔驰W212更换二手气囊电脑　　　　　　163

1. 与气囊电脑建立连接的详细步骤　　　　　163
2. 匹配详细步骤　　　　　　　　　　　　　165

十、奔驰W221蓄电池灯报警维修　　　　　　166

1. 故障现象　　　　　　　　　　　　　　　166
2. 找出正确的 CFF 文件　　　　　　　　　　166
3. 连接前 ASM　　　　　　　　　　　　　　167
4. 编程详细步骤　　　　　　　　　　　　　169

第一部分
宝马工程师软件操作实例

一　宝马 E60 MPM 单编设码

1. E 底盘车型编程设码所用快捷方式图标

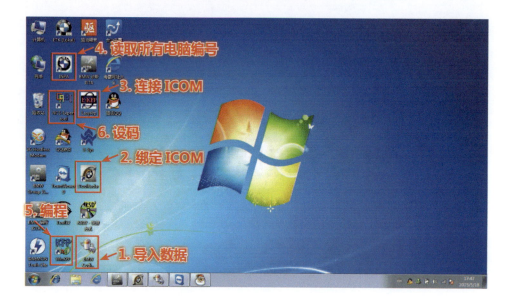

2. 导入编程设码数据步骤

1）双击"BMW Coding Tool"快捷方式图标导入数据。

一　宝马E60 MPM单编设码

2）单击"Select SP-source"按钮，查找编程设码数据文件。

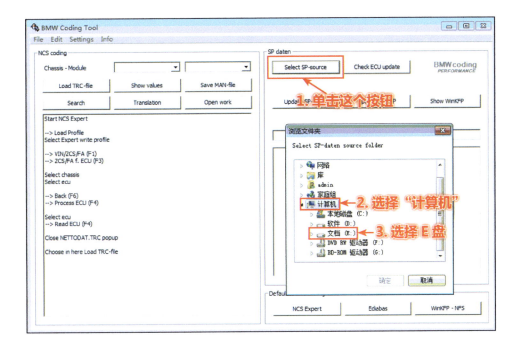

3）选择"ecudata"文件夹，选中对应车型数据包，单击"确定"按钮。

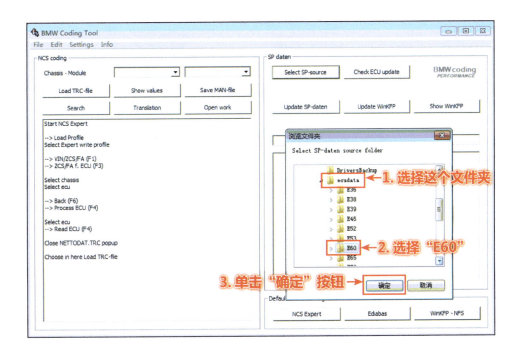

4）单击"Update SP-daten"按钮开始导入设码数据，会提示是否备份数据，单击按钮"是"或"否"都可以。

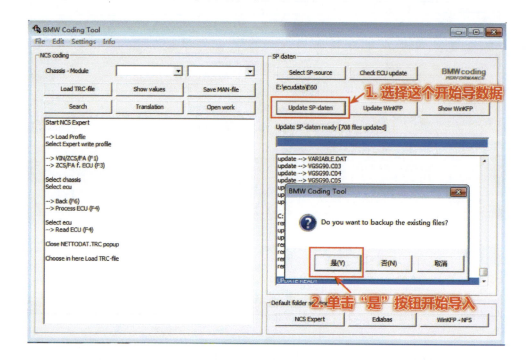

5）显示"UPDATE READY"表示第一部分数据导入完成。

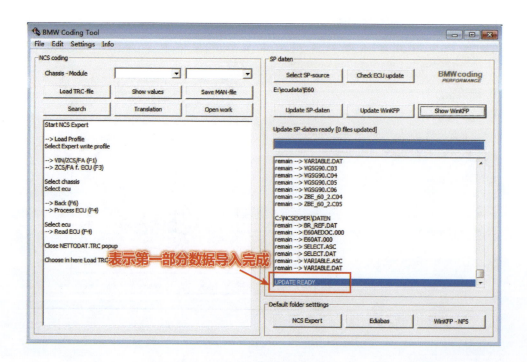

6）单击"Update WinKFP"按钮开始导入编程数据，会提示是否备份数据，单击按钮"是"或"否"都可以。

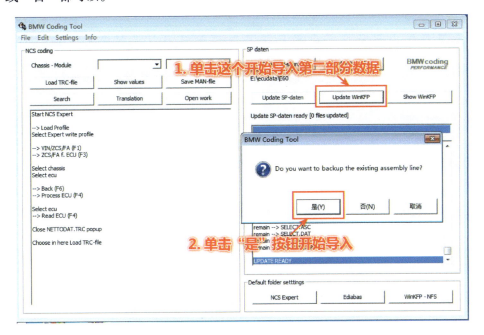

特别提示：
由于编程数据比较多，计算机会出现假死机现象，此时千万不要关闭软件，直到软件恢复正常。

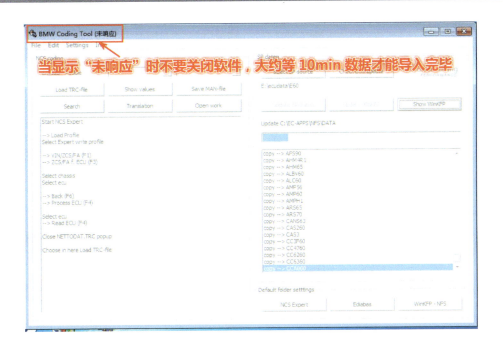

7）显示"UPDAET READY",表示编程数据导入完成。

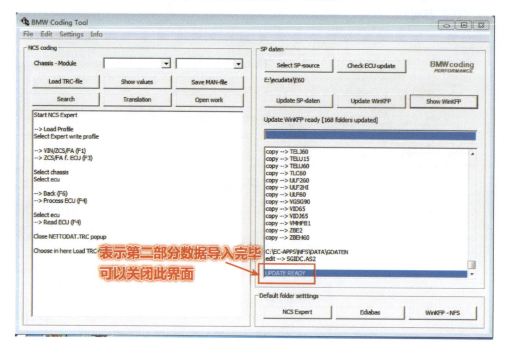

3. 绑定 ICOM 步骤

1）双击 ICOM 绑定软件快捷方式图标。

2）单击第一行 IP 号，然后单击"Reserve"按钮。

3）绑定成功。

4. 选择 ICOM 通信方式

1）双击 ICOM 连接软件快捷方式图标。

2）选择通信模式。

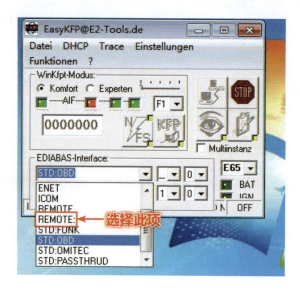

3）输入 ICOM 的 IP 号，然后选择通信协议，底盘号可以不用选择。

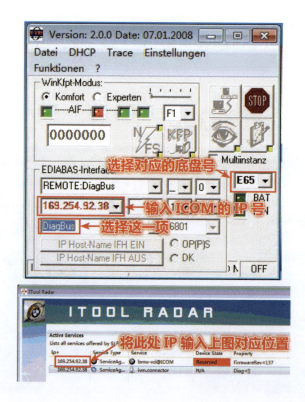

5. 读取控制单元信息的方法

1）双击 INPA 快捷方式图标。

2）显示两个黑点，表示点火开关处于打开状态，并且与车辆通信正常。

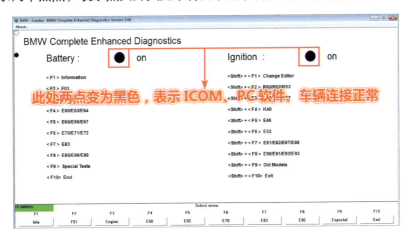

3）选择对应的车型，然后双击"Functional jobs"按钮。

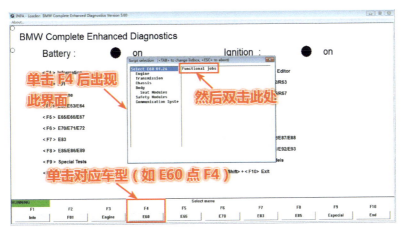

4）单击"确定"按钮。

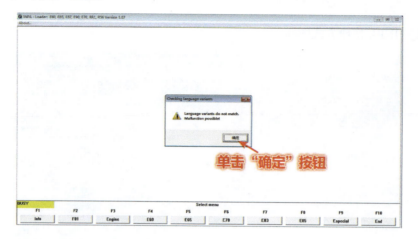

5）单击 F3，开始读取车辆数据。

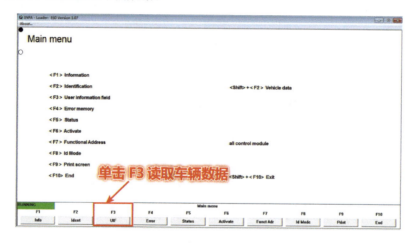

6）一次性读出车上所有控制单元的名称、零件号、VIN 以及最后一次编程的时间。注：读出的零件号在编程时使用。

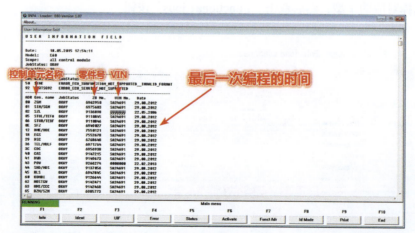

6. 编程详细步骤

1）双击编程快捷方式图标。

2）单击 F1 选择编程模式。

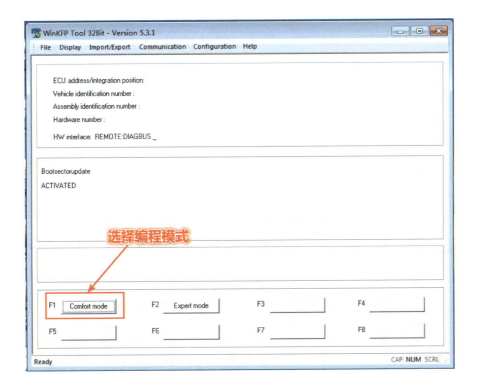

3）选择通过输入零件号的方法编程。

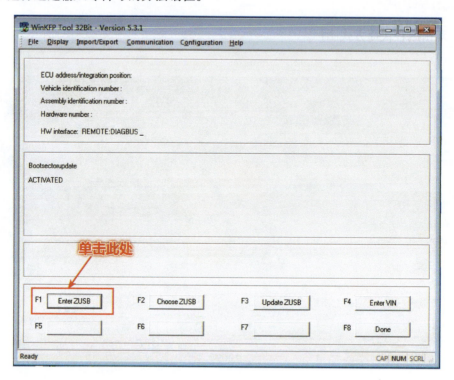

4）输入 INPA 读出的要编程控制单元的 7 位零件号。

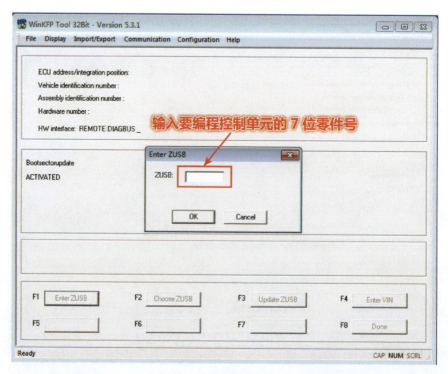

5）输入完成后，单击"OK"按钮。

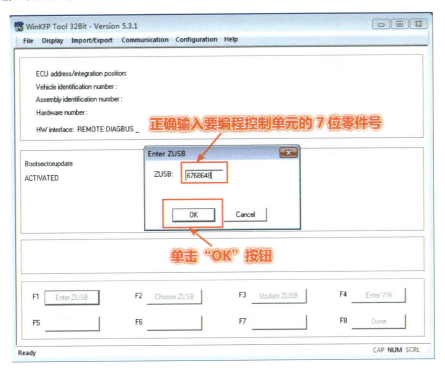

6）编程软件自动从数据库中找到对应的零件号，单击"OK"按钮。

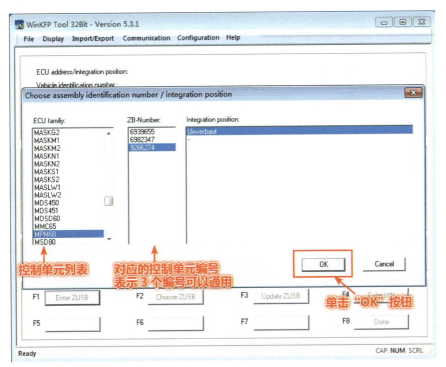

7）单击F4，输入正确的VIN后7位，然后单击"OK"按钮。

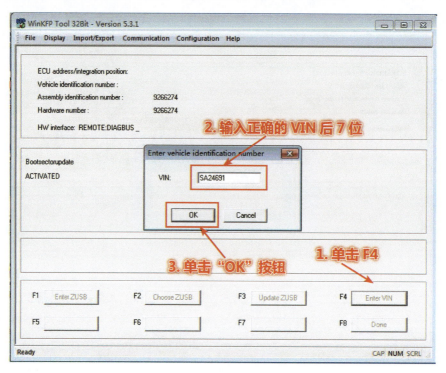

8）单击F8。

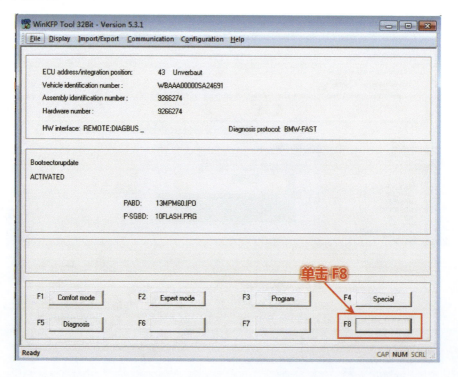

一　宝马E60 MPM单编设码

9）单击 F3 开始编程，会跳出提示框，直接单击"确定"按钮。

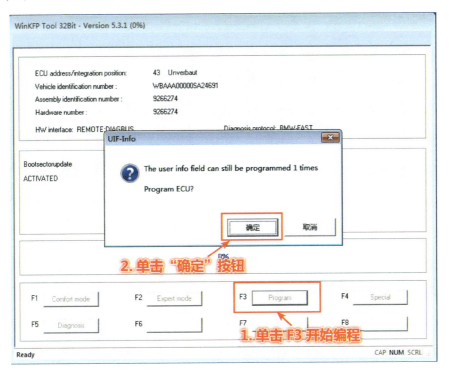

10）开始编程。

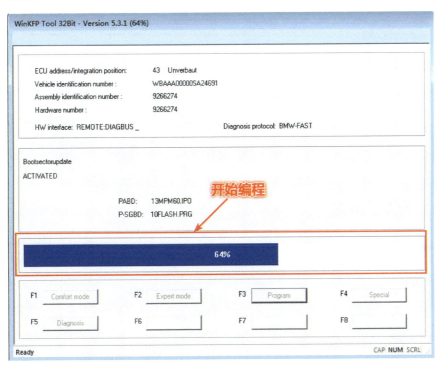

11) 提示"Programming OK",单击"确定"按钮,编程结束。

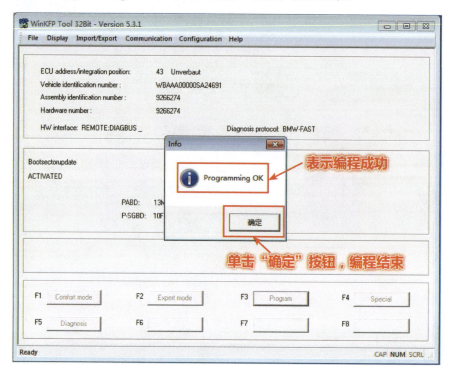

7. 设码详细步骤

1) 双击设码软件快捷方式图标。

2）单击"Datei"选项。

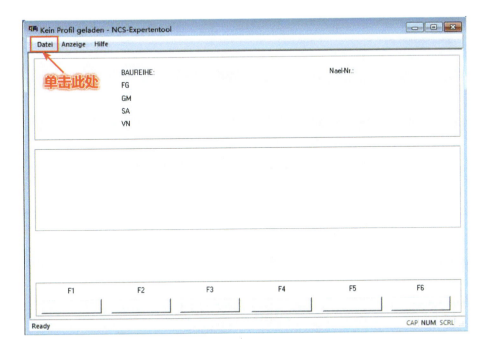

3）单击"Profil laden"选项。

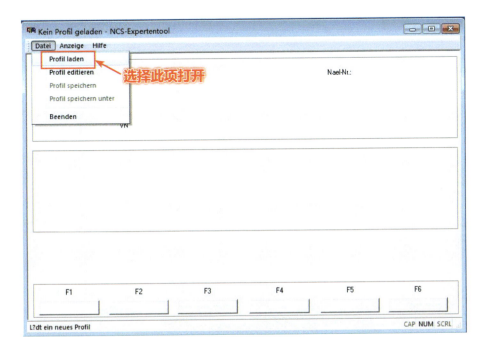

4)选择设码模式,然后单击"OK"按钮。

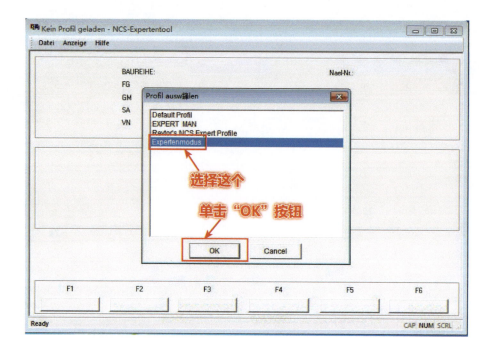

5)单击F1读取车辆配置文件(FA)。

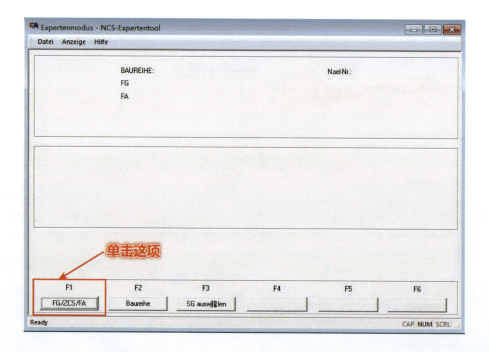

6）单击 F3，选择对应车型的底盘类型，然后单击"OK"按钮。

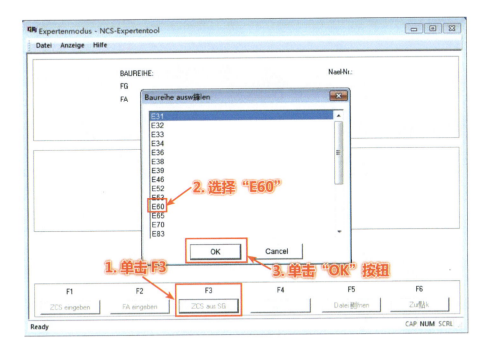

7）车上有两个模块存储配置文件，选择从 CAS 模块中读取，然后单击"OK"按钮。

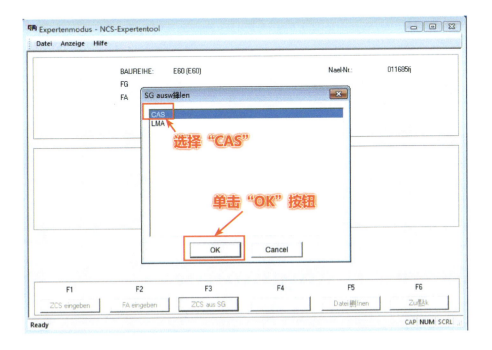

8）配置文件读出后单击F6。

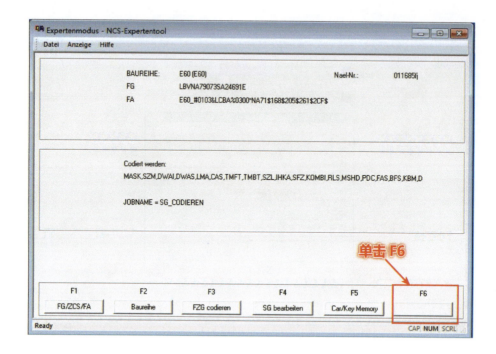

9）单击F4，选择要设码的模块，然后单击"OK"按钮。

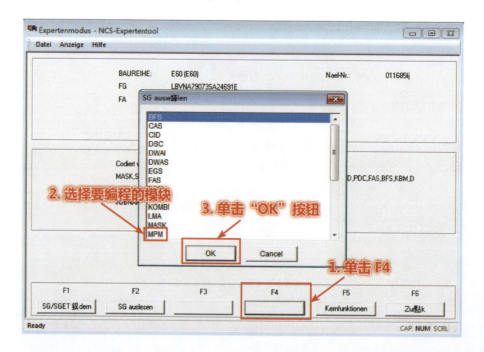

一　宝马E60 MPM单编设码

10）单击 F3 开始设码，当显示"Codierung beendet"时设码完成。

二、宝马 F18 DME 编程

1. 查看 ICOM 绑定状态

1）双击 ICOM 绑定软件快捷方式图标。

2）第一行 IP 号所对应的状态显示"Reserved",表示已绑定成功。

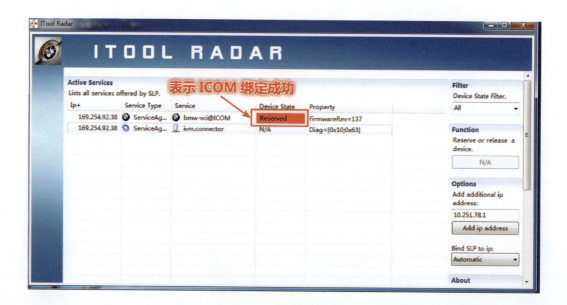

2. 编程设码软件 E-SYS 与车辆连接方法

1）双击 E-SYS 编程设码软件快捷方式图标。

F 底盘编程设码

2）在弹出的提示框中直接单击"OK"按钮。

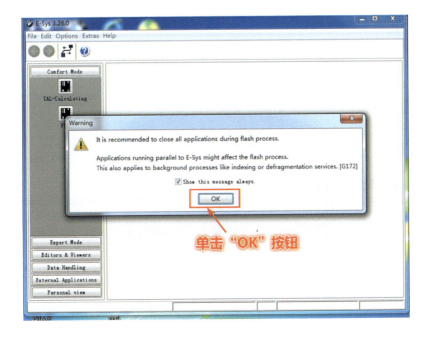

单击"OK"按钮

3）单击连接图标。

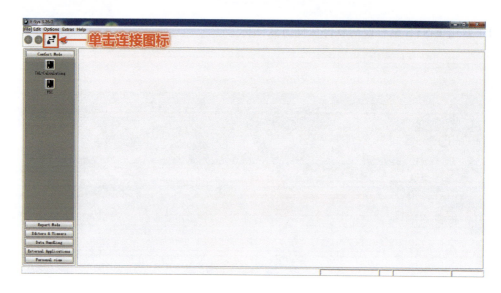

4）选择对应的底盘号（选择代码后面不带字母的）。

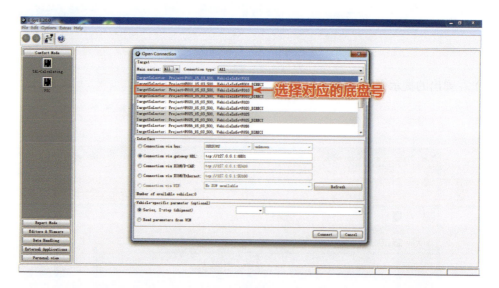

E-SYS 连接选项对照表

F020	F20、F22、F30、F35、F36
F025	F15、F16、F25
F010	F10、F07、F18
F001	F01、F02、RR4、RR5
F056	F45、F48
S15A	G11、G12

5）输入 ICOM 的 IP 号。

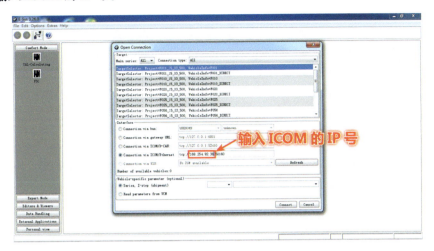

6）单击"Connect"按钮连接。

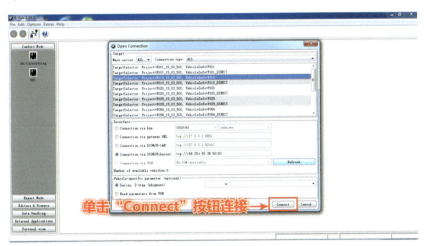

7）提示连接成功，单击"OK"按钮。

8)表示连接成功。

3. 读取车辆出厂集成等级方法

1)选择VCM,读出原车出厂集成等级,计算编程数据时使用。

2）选择"Master"选项。

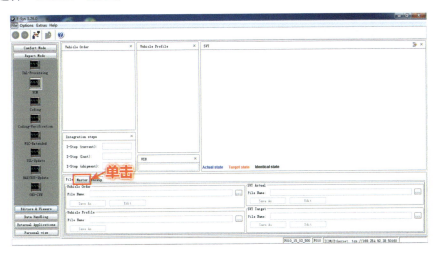

3）单击"Read"按钮读取。

4）读出原车的集成等级，最下面一个是出厂时的集成等级。

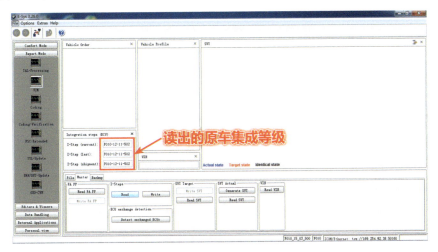

4. 编程详细步骤

1）选择"Comfort Mode"选项。

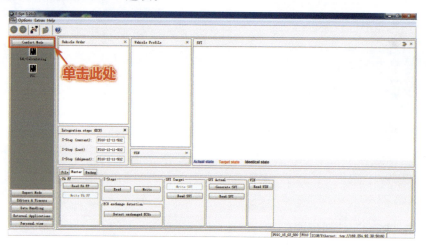

2）选择"TAL-Calculating"编程模式。

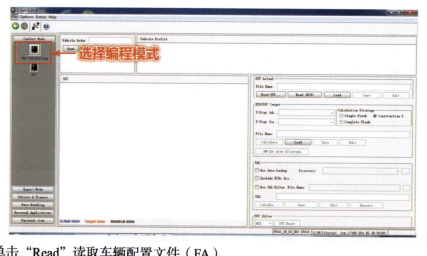

3）单击"Read"读取车辆配置文件（FA）。

4）激活车辆配置文件。

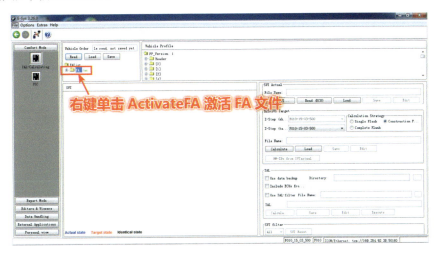

5）保存车辆配置文件。

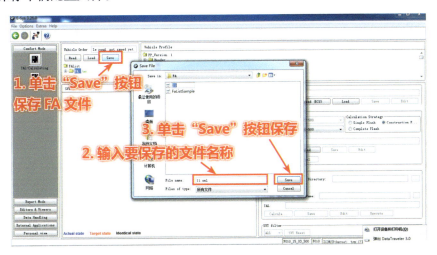

6）单击"Read SVT"按钮，读出所有控制单元信息。

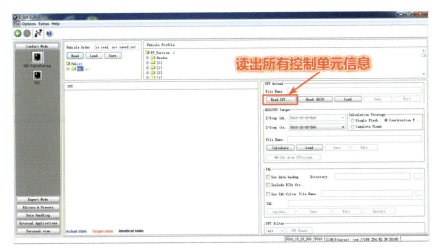

7）读出所有控制单元列表。

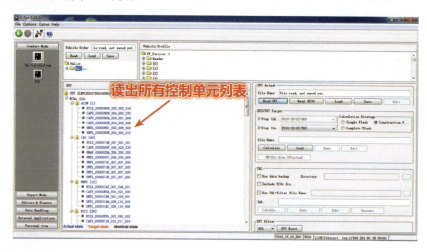

8）保存 SVT 数据。

9）选择编程模式，然后选择车辆出厂时的集成等级。

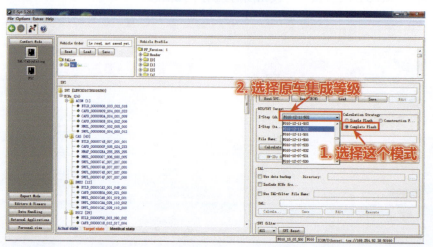

10）下面的集成等级代表的是电脑中存储的数据版本，自动默认不用选择，然后单击"Calculate"按钮计算。

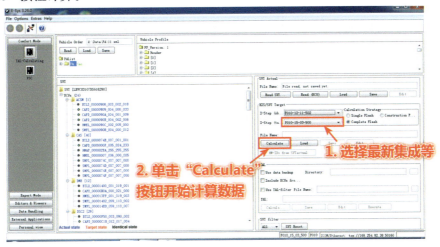

11）计算数据。

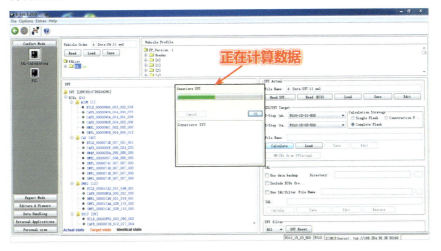

12）计算完数据，模块中出现红色和蓝色的文件，表示此模块可以编程。

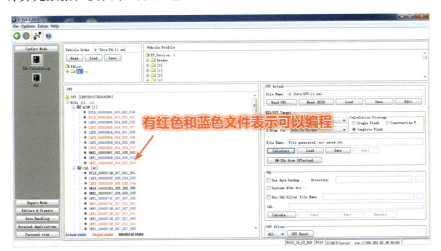

13）单击"Save"按钮，输入一个文件名，然后单击"Save"按钮保存。

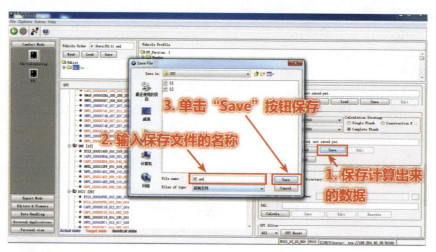

14）单击 TAL 框中的"Calculate"按钮计算。

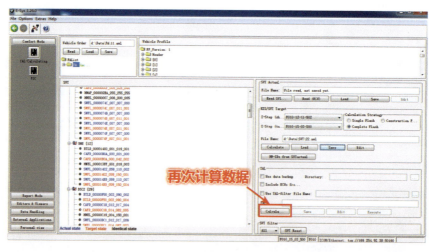

15）计算完单击"Save"按钮保存，然后单击"Execute"按钮，进入编程界面。

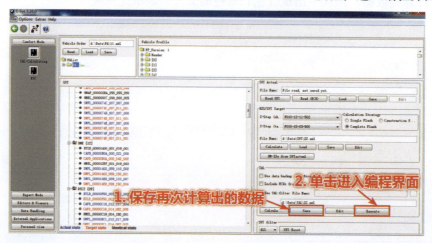

16）单击 SVT 后面的三个点，加载保存的 SVT 数据，也可以不加载，不加载对编程没有任何影响。

17）单击左上角的"√"，取消全选。

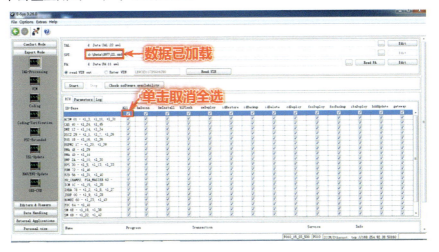

18）选择要编程模块的第 4、5、9、12 项。

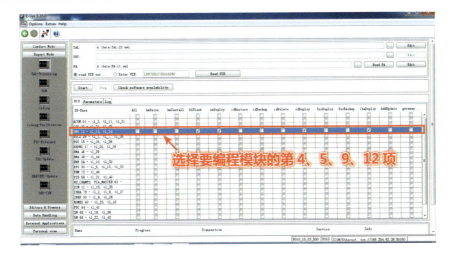

19）首先测试编程文件是否正常，提示正常则单击"OK"按钮，然后单击"Start"开始编程。

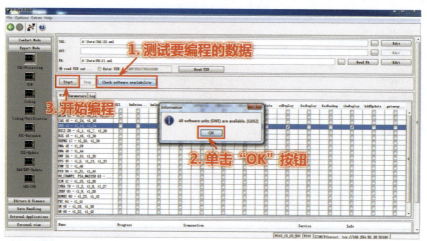

20）单击"Finish"继续编程。

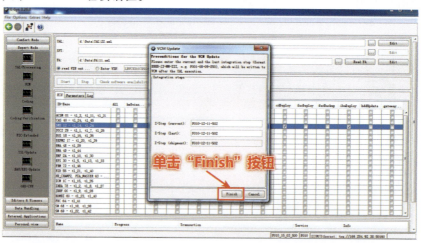

21）显示编程进度条。

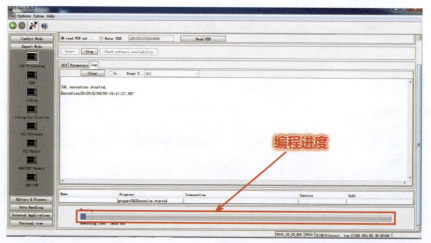

22)正在编程。

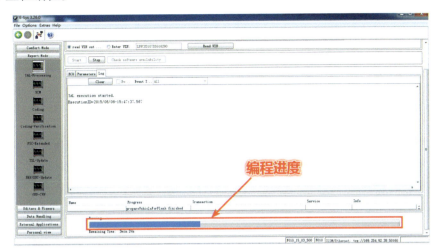

23)编程即将结束。

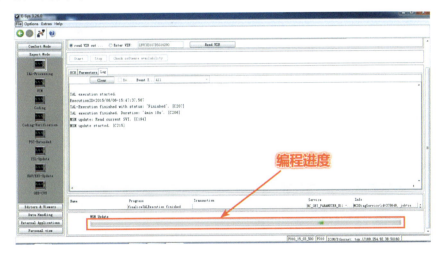

24)编程完成后提示绿色或黄色都属正常,红色表示编程失败。

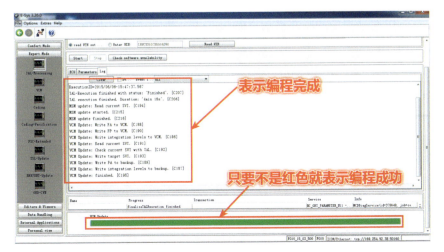

三 宝马 F02 减振器设码

1. 绑定 ICOM 步骤

1）双击 ICOM 绑定软件快捷方式图标。

2）单击第一行 IP 号，然后单击"Reserve"按钮。

3）第一行 IP 号所对应的状态显示"Reserved"，表示已绑定成功。

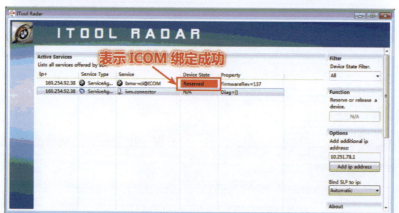

2. 编程设码软件 E-SYS 与车辆连接方法

1）双击 E-SYS 编程设码软件快捷方式图标。

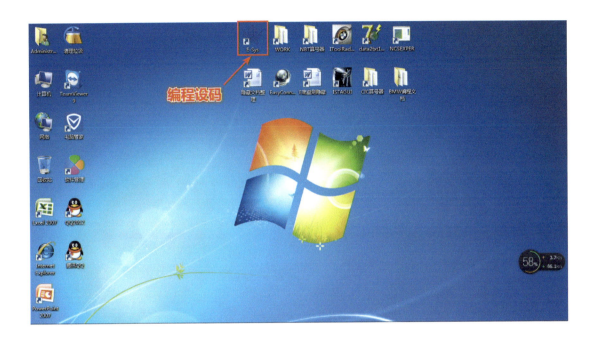

2）弹出提示框，直接单击"OK"按钮。

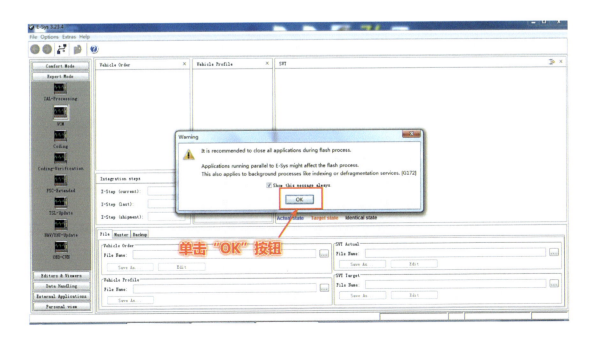

3）单击连接图标。

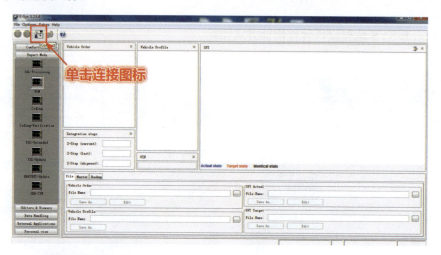

4）输入ICOM的IP号。

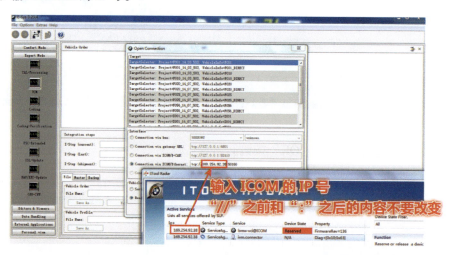

5）选择对应的连接选项，输入IP号，单击"Connect"按钮连接。

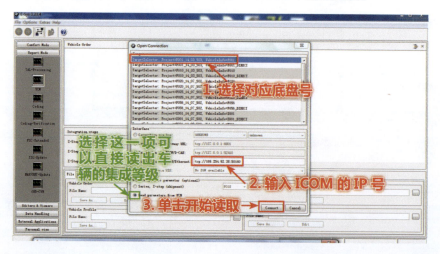

三　宝马F02减振器设码

E-SYS 连接选项对照表

F020	F20、F22、F30、F35、F36
F025	F15、F16、F25
F010	F10、F07、F18
F001	F01、F02、RR4、RR5
F056	F45、F48
S15A	G11、G12

6）显示车辆底盘类型和集成等级，单击"OK"按钮。

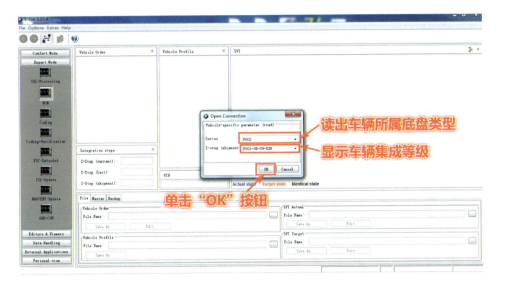

7）提示连接成功，单击"OK"按钮。

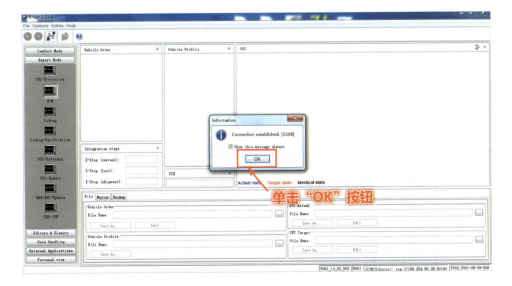

3. 设码详细步骤

1）选择"Coding"设码，然后单击"Read"按钮读取车辆配置数据（FA）。

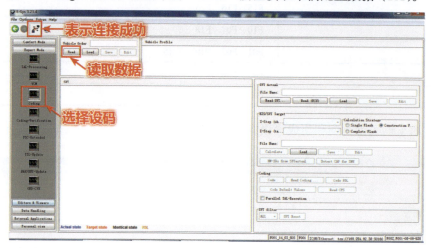

2）车辆配置数据（FA）已读出。

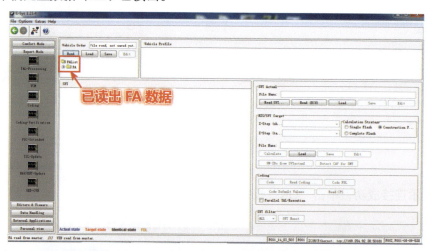

3）激活车辆配置数据（FA）。

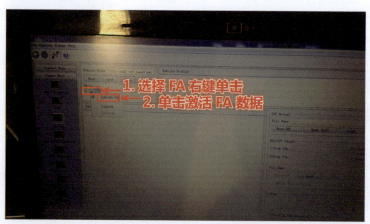

三 宝马F02减振器设码

4）FA 数据激活成功。

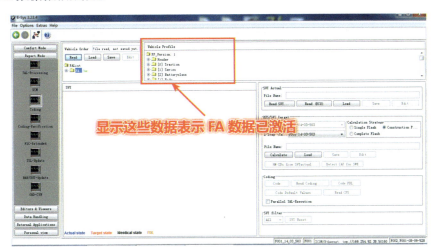

5）读取 SVT，读出车辆装配的所有控制单元。

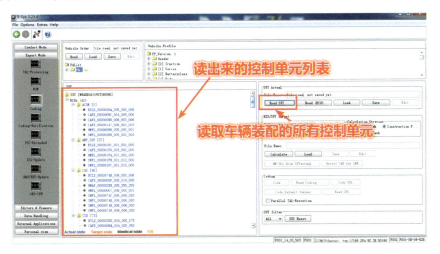

6）如果要设码的模块里面有 CAFD 文件，单击模块，然后单击"Code"按钮设码即可。

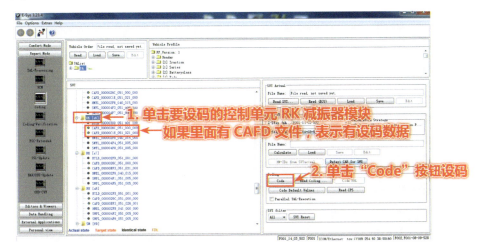

41

7）如果要设码的模块里面没有 CAFD 文件，单击模块，然后单击"Detect CAF for SWE"选项加载设码数据。

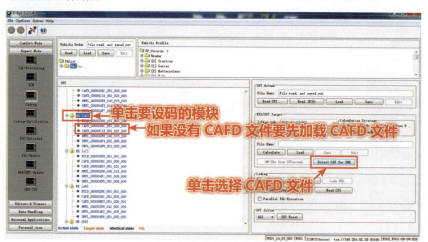

8）任选一组 CAFD 文件（选择其中一组的一个 CAFD 文件后，按住 Ctrl 键，再选择另一个 CAFD 文件，两个 CAFD 文件必须同时选中）后，单击"OK"按钮。

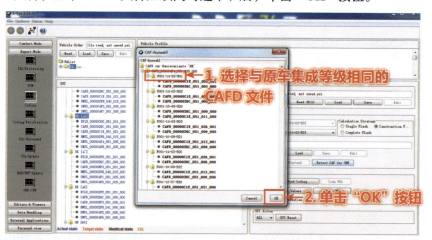

9）CAFD 文件已载入到模块内，单击"Code"按钮开始设码。

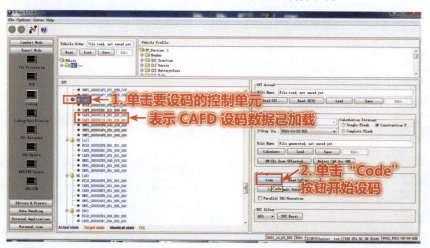

三　宝马F02减振器设码

10）正在设码。

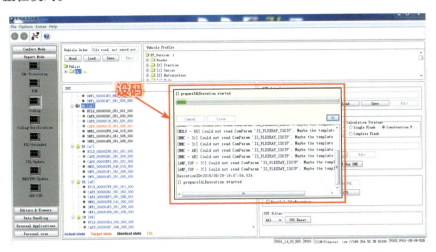

11）设码完成，单击"Close"按钮退出。

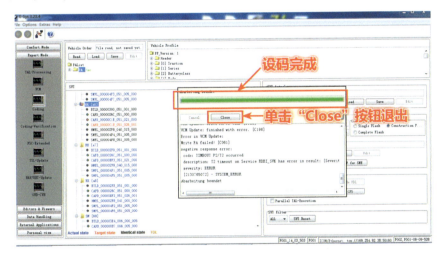

12）显示绿色字母表示设码成功，单击"Close"按钮退出。

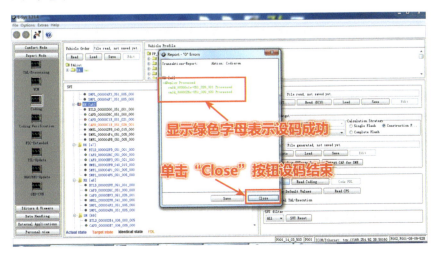

四 宝马 F 底盘车型强制编程方法

1. 模块内文件介绍

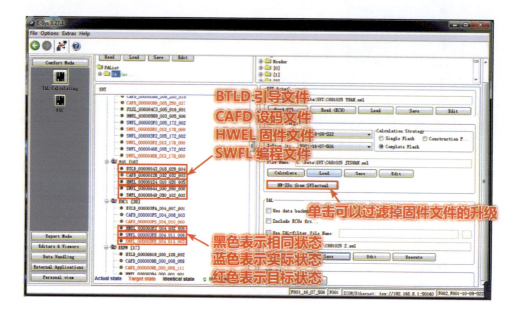

2. 强制编程详细步骤

1）按正常编程方法操作，在计算完数据后 EGS 没有编程文件，单击 "Edit" 按钮。

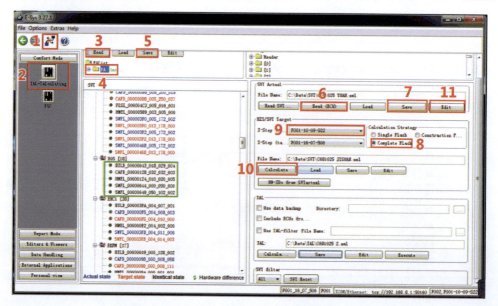

2）点开"StandardSVI Version=5"文件夹。

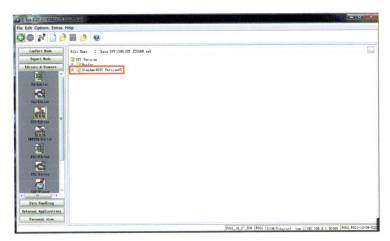

3）选择文件夹"EGS 18"点开，选择文件夹"StandardSVI"点开，分别选择"BTLD"（引导文件）和两个"SWFL"（编程文件）点开，分别把最下面的那个文件号改为001。

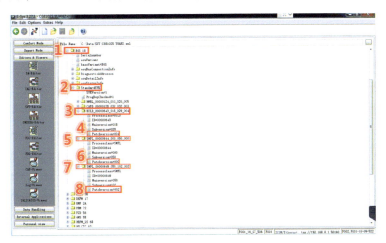

4）修改完后单击"保存"图标。

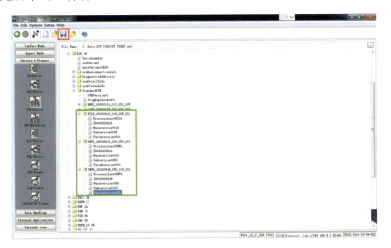

5)单击"返回"图标,提示文件已更新是否要加载,单击"Yes"按钮。

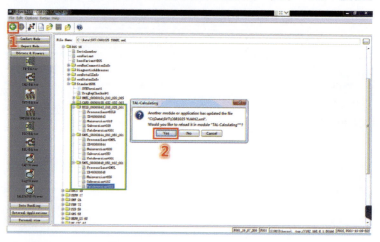

6)再次单击"Calculate"按钮进行计算。

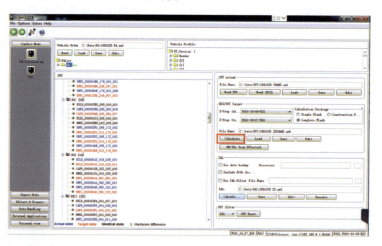

7)EGS出现编程文件,单击"Calculate"按钮计算,然后单击"Save"按钮保存,再单击"Execute"按钮执行。

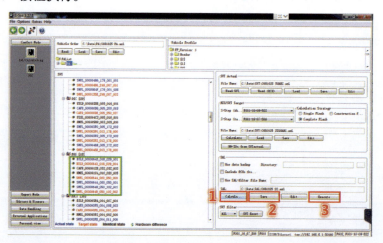

四　宝马F底盘车型强制编程方法

8）选 EGS 的第 4、5、9、12 选项，单击"Check software availability"按钮测试软件是否可用，单击"Start"按钮开始。

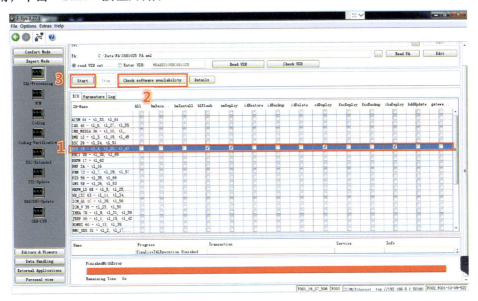

9）编程成功。

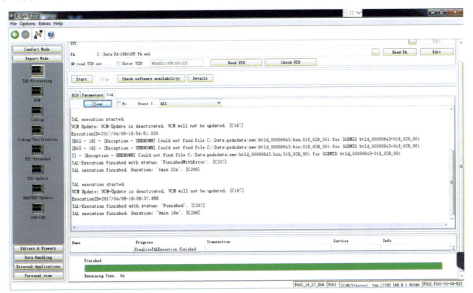

五 宝马 E60 禁用前乘客座椅识别传感器

1. 相关故障码

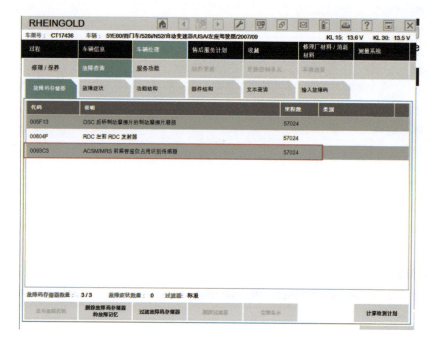

2. 绑定 ICOM 步骤

1）双击 IToolRadar 快捷方式图标（ICOM 绑定软件）。

2）选中第一行 IP，单击"Reserve"按钮。

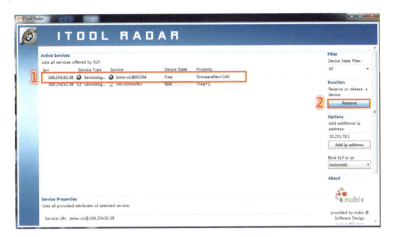

3）绑定成功。

3. 选择 ICOM 通信方式

1）双击 EASYKFP 快捷方式图标（ICOM 连接软件）。

2）选择"REMOTE:"模式。

3）输入 IP 号，选择 DiagBus 通信模式。

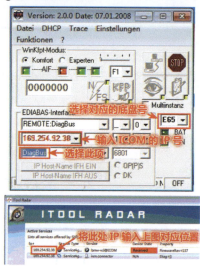

4. 读取气囊电脑设码文件详细步骤

1）双击 NCS 快捷方式图标（E 底盘设码软件）。

2）单击"File"（文件），选择"Load Profile"。

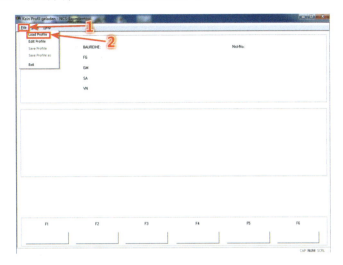

3）选择对应的通信模式，单击"OK"按钮。注：不同厂家安装的软件不同，选择的通信模式也不同，如果选的模式不对，可能无法对模块进行设码。

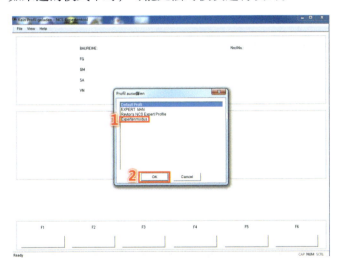

4）单击F1。

5）单击 F3。

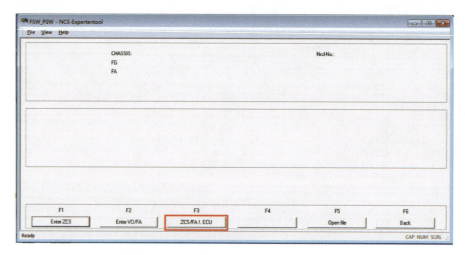

6）选择对应的车型，然后单击"OK"按钮。

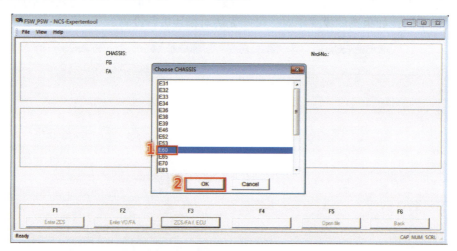

7）选择从 CAS 模块读取车辆配置数据，单击"OK"按钮。

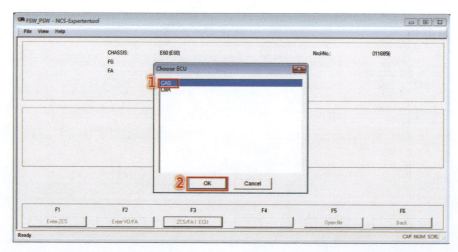

8）读取完成，单击 F6。

9）单击 F3。

如果是另外一个版本的软件，单击 F4。

10）选择"ABG"（气囊）模块，然后单击"OK"按钮。

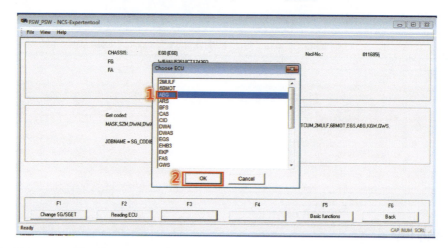

11）单击F4，读取模块设码数据。

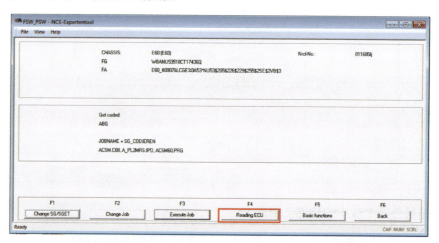

12）读出模块数据后，关闭记事本。

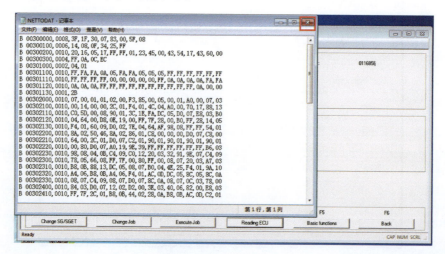

5. 修改设码文件方法

1）在 C 盘 "NCSEXPER\WORK" 目录下，找到 "FSW_PSW" 文件，类型是 TRC 文件，用记事本打开。

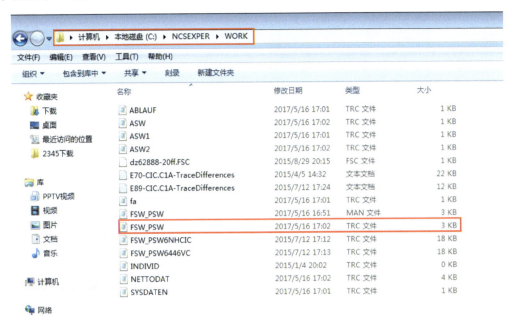

2）单击 "编辑"，选择 "查找"。

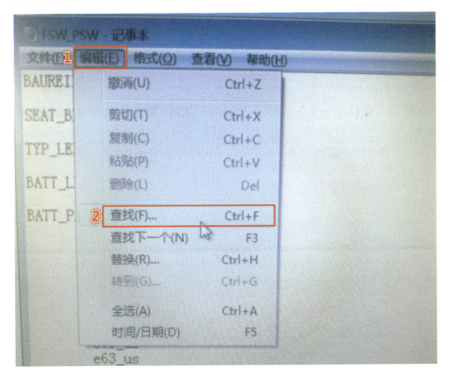

3）输入"0C3"或"SBE 1"（也就是座椅识别传感器的代码），单击"查找下一个"按钮。

4）找到带"0C3"的命令，在"aktiv"前面输入"nicht_"（"不"的意思）。

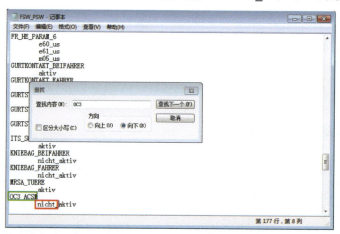

5）再次单击"查找下一个"按钮，又出现一条带"0C3"的命令，同样在"aktiv"前面输入"nicht_"。

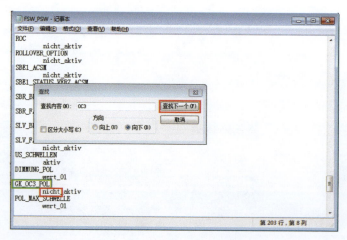

6）再次单击"查找下一个"按钮，提示找不到"0C3"，说明已全部改完，单击"确定"按钮。

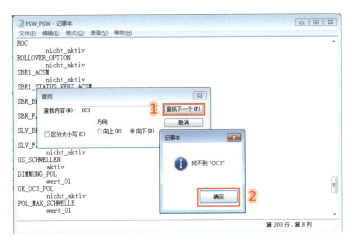

7）单击"文件"，选择"另存为"。

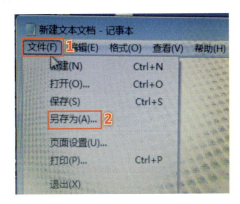

8）输入文件名为"FSW_PSW.MAN"，单击"保存"，提示是否替换掉原来的文件，单击"是"按钮。

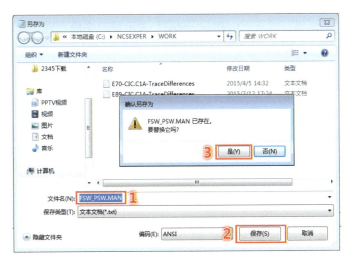

6. 如何把修改后的设码文件写入电脑内

1）回到"NCS"设码软件，单击 F2。

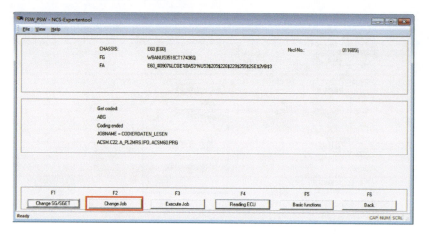

2）选择"SG_CODIEREN"，单击"OK"按钮。

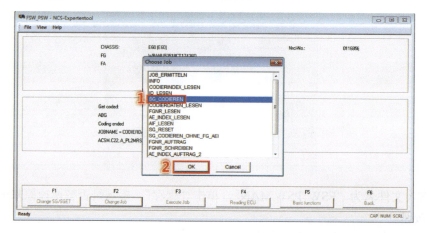

3）单击 F3 开始设码，显示"Coding ended"表示设码完成、取消成功。

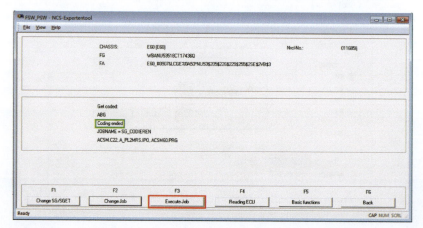

六　宝马音响主机分类

1. CCC 主机

适用于 2009 年以前 5 系 E60 和 X5 E70 等车型。

2. CIC 主机

适用于 2009—2012 年宝马大部分车型。

3. NBT 主机

适用于 2012—2015 年宝马大部分车型。

4. EVO 主机

适用于 2016 年后新款宝马 7 系 G12、5 系 G38、X5 F15 等车型。

七 宝马 CCC MASK 汉化

主机型号：9219215。

1. 绑定 ICOM 步骤

1）双击 IToolRadar 快捷方式图标（ICOM 绑定软件）。

2）选中第一行 IP，然后单击"Reserve"按钮。

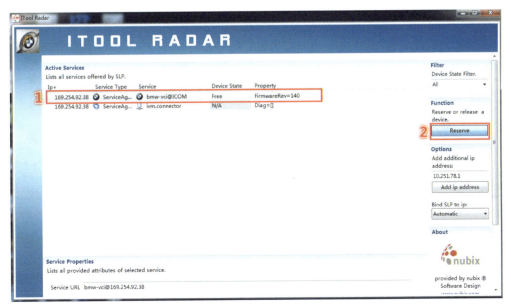

3）绑定成功。

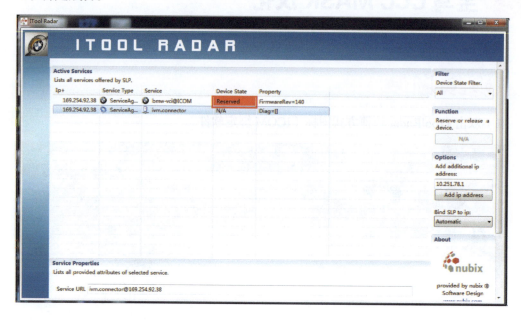

2. 选择 ICOM 通信方式

1）双击 EASYKFP 快捷方式图标（ICOM 连接软件）。

2）选择"REMOTE:"连接模式。

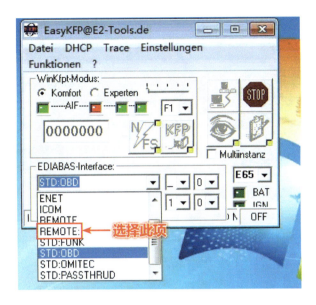

3）输入 IP 号，选择"DiagBus"通信模式。

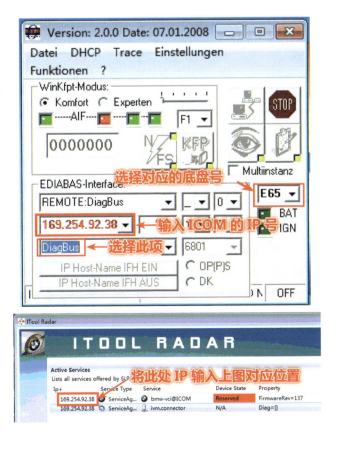

3. 修改 VO 代码

1)双击 NCS 快捷方式图标（E 底盘设码软件）。

2)单击"File"（文件），选择"Load Profile"。

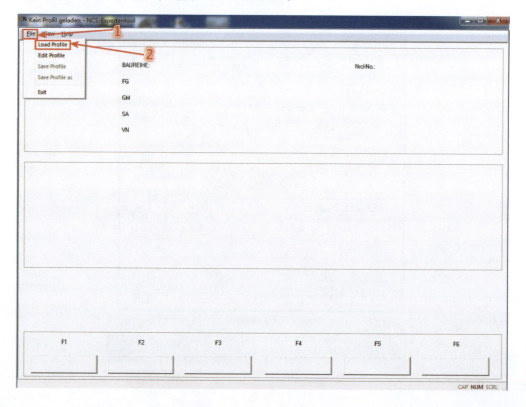

3）选择对应的通信模式，单击"OK"按钮。注：不同厂家装的软件不同，选择的通信模式也不同，如果选的模式不对，可能无法对模块进行设码。

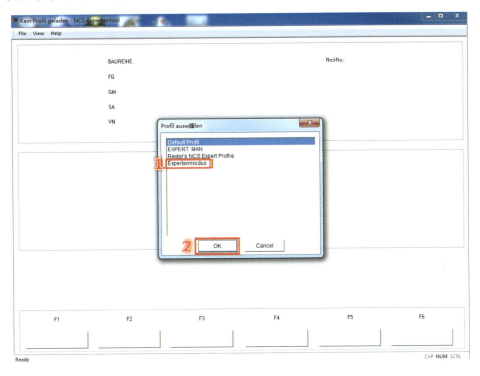

4）单击F1。

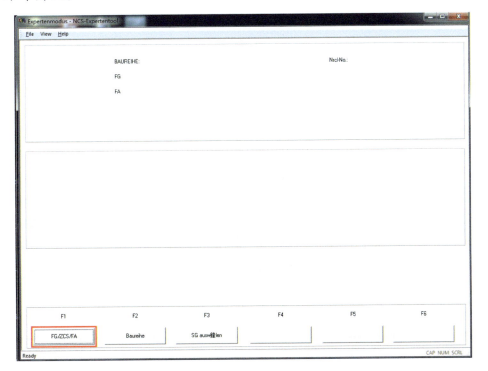

5）单击 F3。

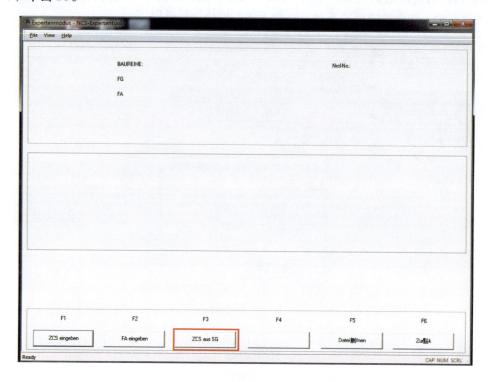

6）选择对应的车型，然后单击"OK"按钮。

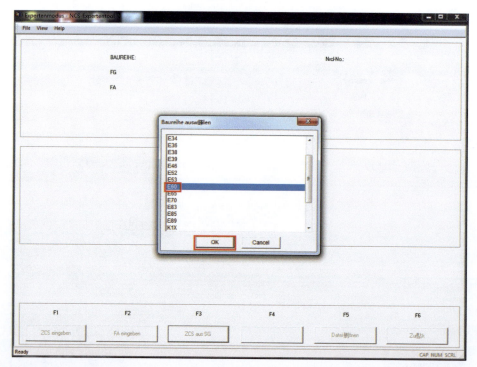

七 宝马CCC MASK汉化

7）选择通过CAS模块读取车辆数据，单击"OK"按钮。

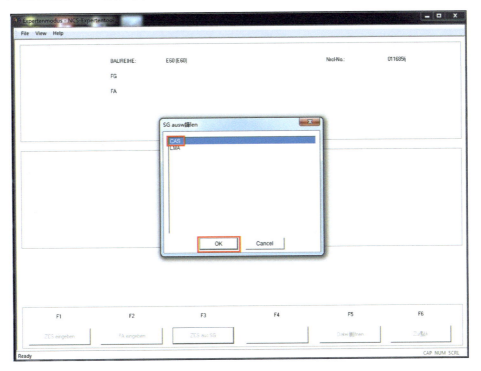

8）单击F2，选择对应的车型，单击"OK"按钮。

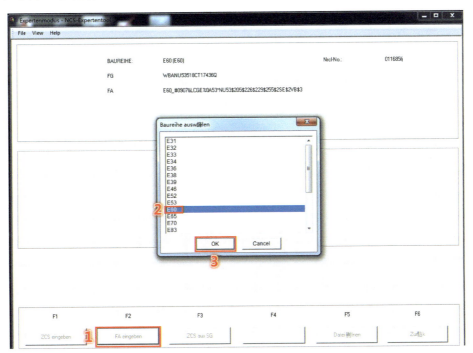

9）读出 VIN，单击"OK"按钮。

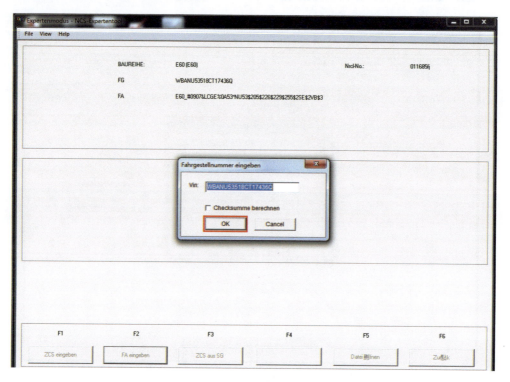

10）显示车辆 VO 代码，单击"$853"（美国区域 VO 代码），按键盘上的 Del 键删除。

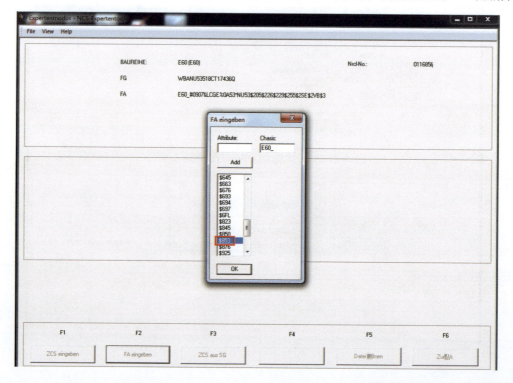

11）输入 $866（中国区域 VO 代码），单击"ADD"按钮，然后单击"OK"按钮。

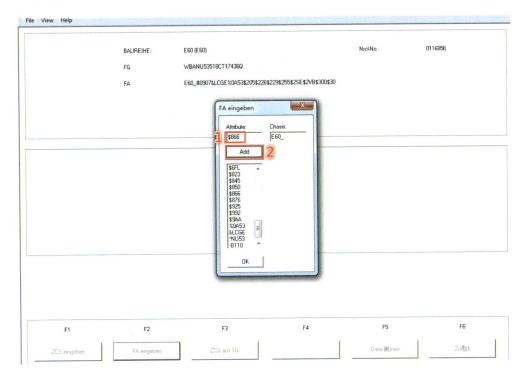

12）单击 F6。

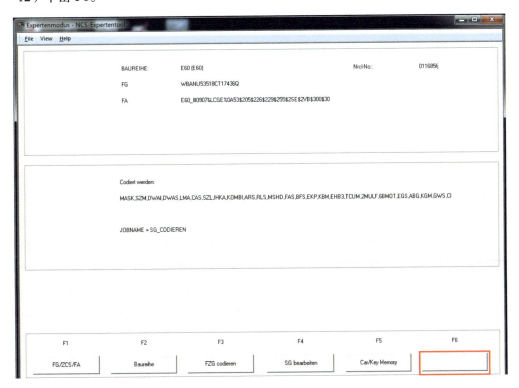

4. 将中文参数写入 MASK 音响主机

1）单击 F4，选择 MASK（音响主机），单击"OK"按钮。

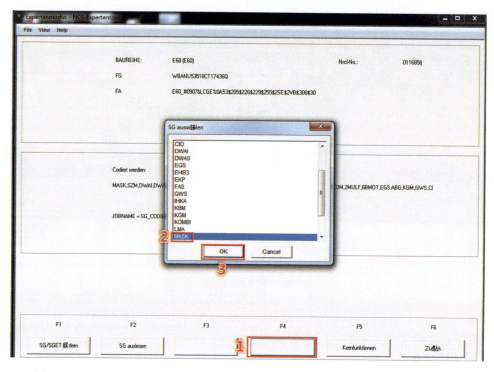

2）单击"OK"按钮。

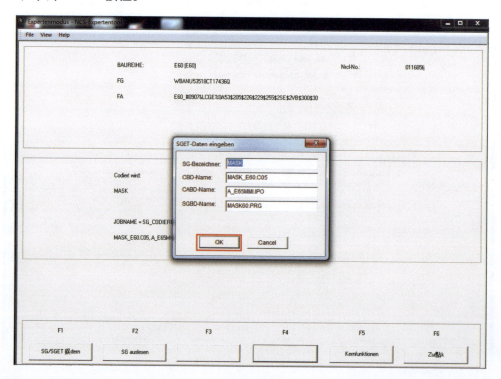

七　宝马CCC MASK汉化

3）单击 F3 开始设码，显示"Codierung beendet"表示设码完成。

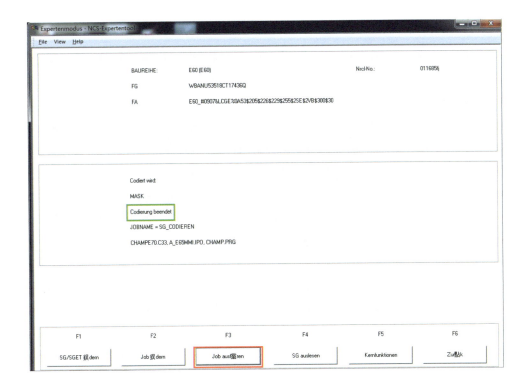

5. 用 Tool32 激活中文显示

1）打开 Tool32 软件。

71

2)单击文件夹图标。

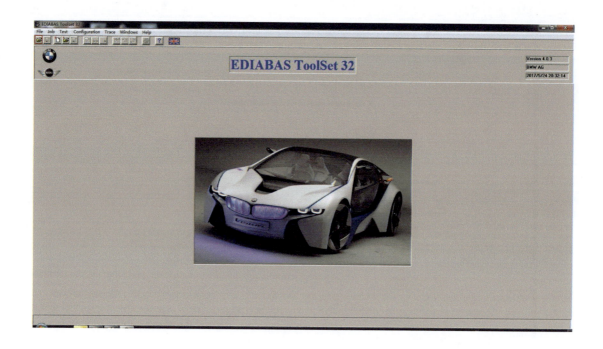

3)输入"MASK60",在数据库中搜索出运行程序,然后单击"打开"按钮。

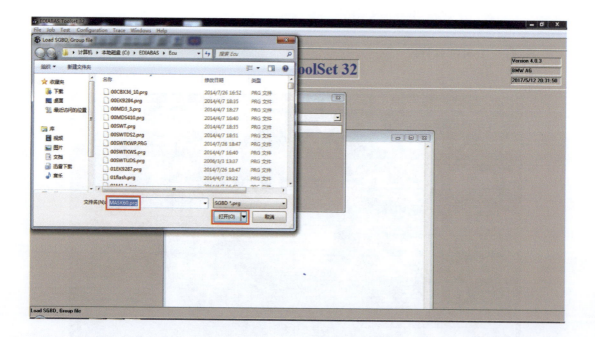

4）双击"info"命令。

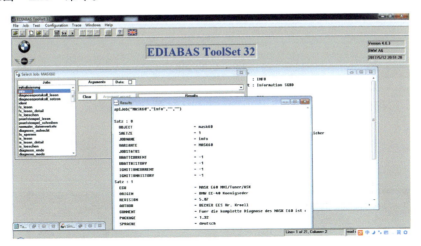

5）双击"is lesen"命令。

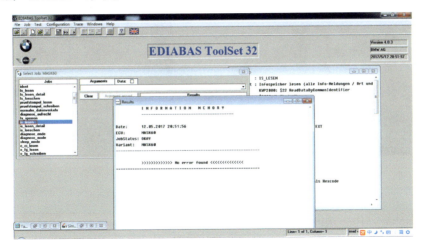

6）双击"steuergeraete_reset"命令，汉化完成。

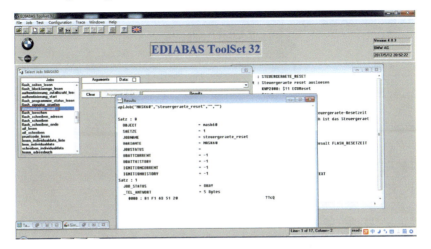

八 宝马 CIC 主机删除导航证书

1. 查看 ENET 测试线与车辆连接状态

1）连接 ENET 测试线，然后双击 ZGW SEARCH 快捷方式图标，查看是否可以与车辆建立通信。

2）如果能够读出车辆信息，表示与车辆通信正常。

2. FileZilla 连接 CIC 主机方法

1）双击 FileZilla 快捷方式图标。

2）分别输入主机 IP 号、用户名、密码。主机 IP 是固定的 169.254.199.99。用户名和密码共有三组，可以分别测试。

用户名：files，密码：remote。

用户名：root，密码：cic0803。

用户名：Root，密码：Hm83stN。

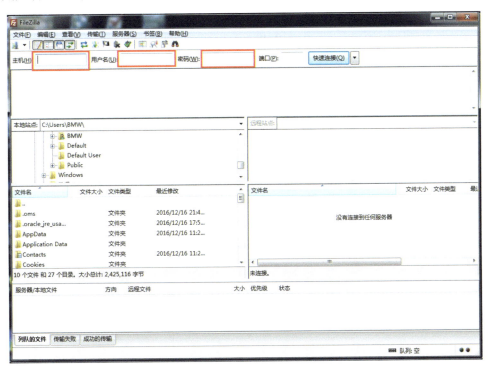

3）输入 IP、用户名和密码后，单击"快速连接"按钮。

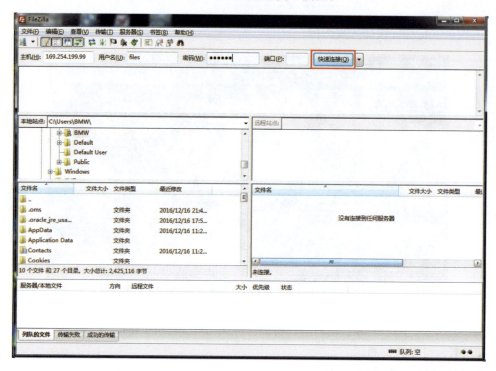

4）如果有文件显示出来，表示连接成功。

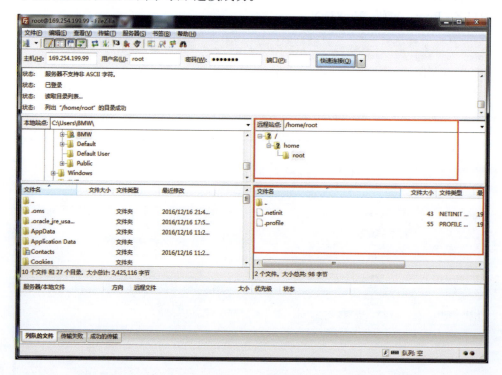

3. 删除证书详细步骤

1）找到"generalPersistencyData_DiagnosticSWTController"文件，用记事本打开。

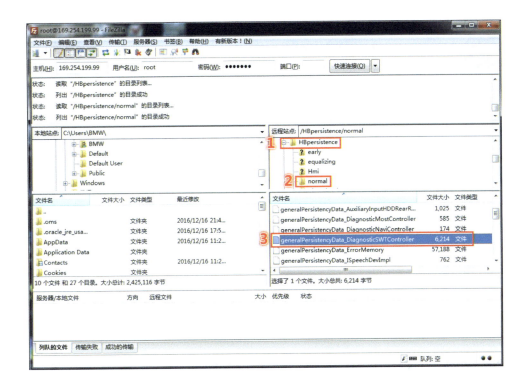

2）把记事本中所有的内容全部删掉。

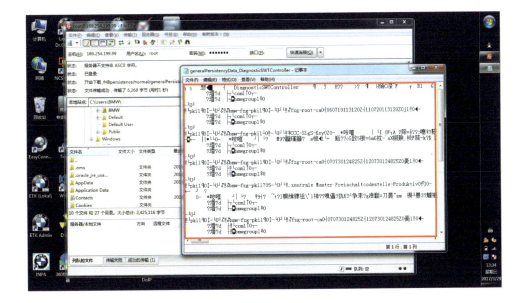

3)删完后关闭记事本。

4)在"结束编辑并删除本地文件"前打"√",然后单击"是"按钮。

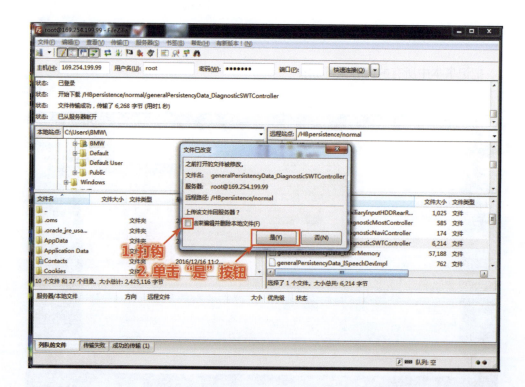

5）分别把 data01、data02 和 data03 文件用记事本打开，然后删掉记事本中所有的内容，方法同上面 1）、2）、3）、4），证书删除完成。

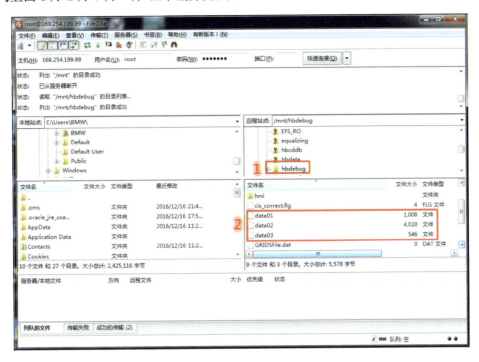

4. 检查证书是否删除成功

删除成功后，文件大小全部为 0。

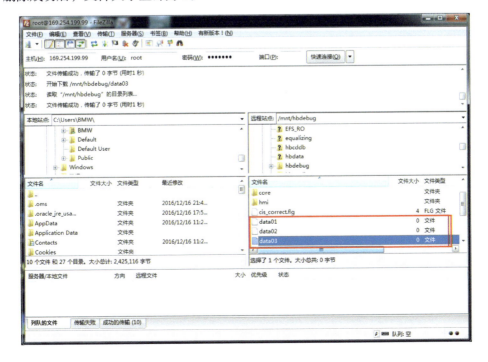

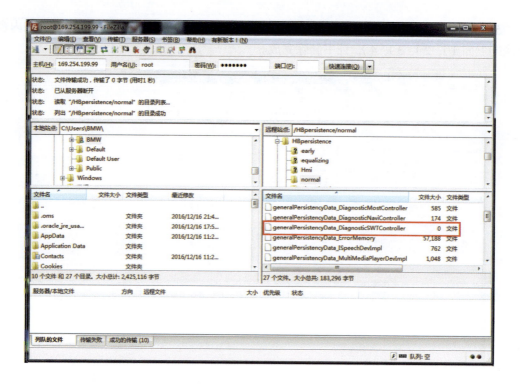

九　Tool32 删除宝马 NBT 主机导航证书

1. 绑定 ICOM 步骤

1）双击 IToolRadar 快捷方式图标（ICOM 绑定软件）。

2）选中第一行 IP，单击"Reserve"按钮。

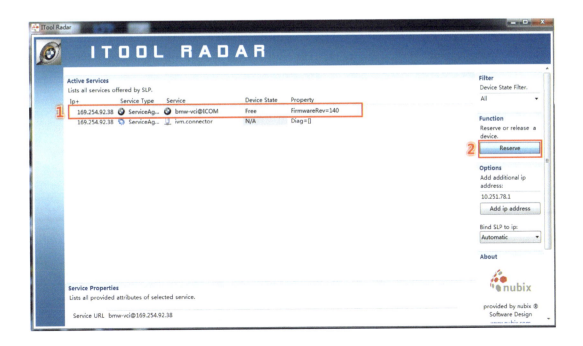

3）绑定成功。

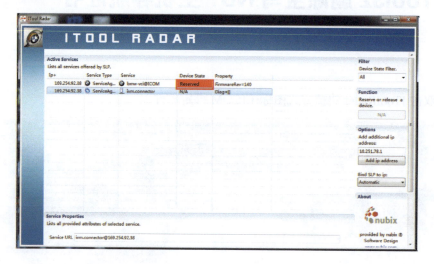

2. 选择 ICOM 通信方式

1）双击 EASYKFP 快捷方式图标（ICOM 连接软件）。

2）选择"REMOTE:"连接模式。

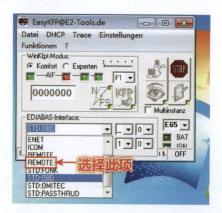

3）输入 IP 号，选择"DiagBus"通信模式。

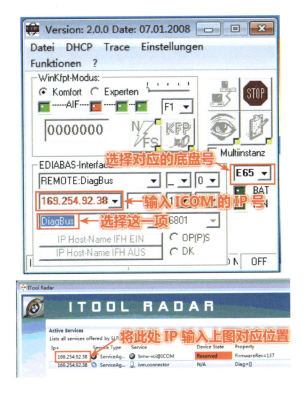

3. 用 Tool32 删除 NBT 证书详细步骤

1）双击 Tool32 快捷方式图标。

2）单击文件夹图标，输入"NBT"，软件从数据库中搜索到对应的运行程序，然后单击"打开"按钮。

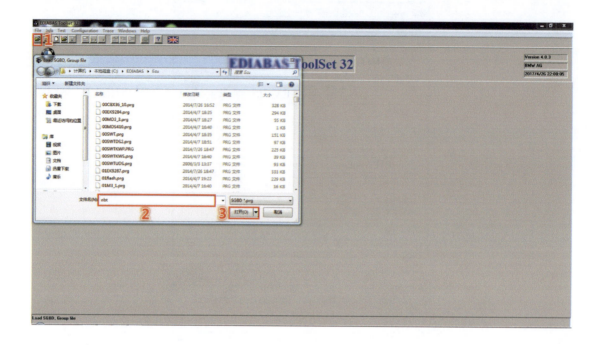

3）删除证书共需要执行三条命令，找到第一条命令直接双击。

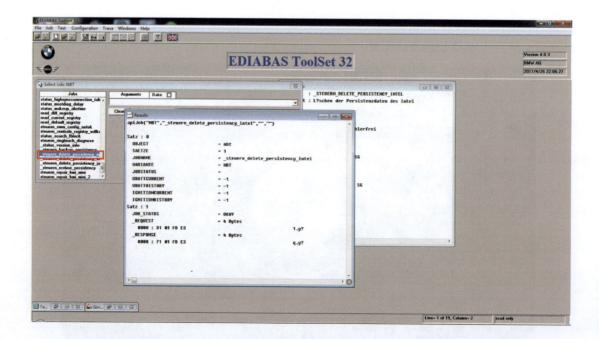

九　Tool32删除宝马NBT主机导航证书

4）找到第二条命令，单击后输入"SWT"。

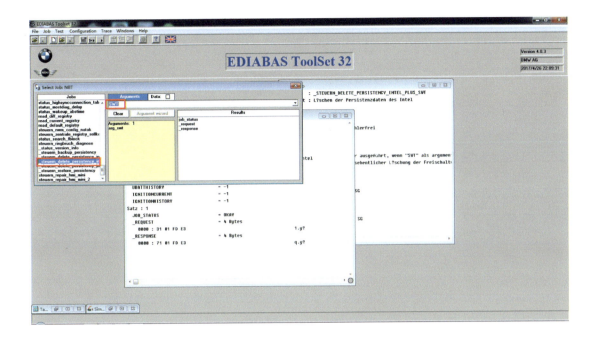

5）输入完"SWT"，双击第二条命令。

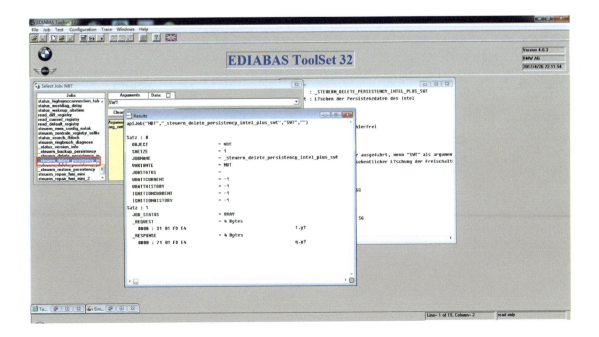

85

6）找到第三条命令，单击后输入"SWT"。

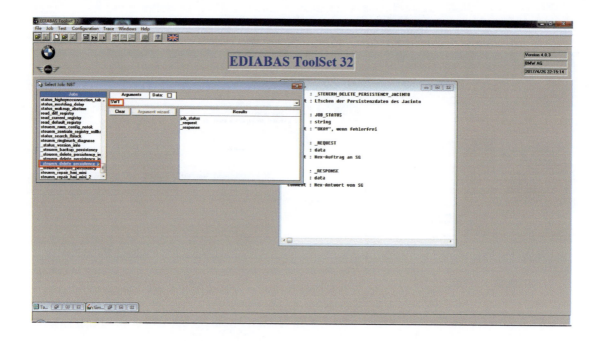

7）输入完"SWT"，双击第三条命令，删除证书完成。

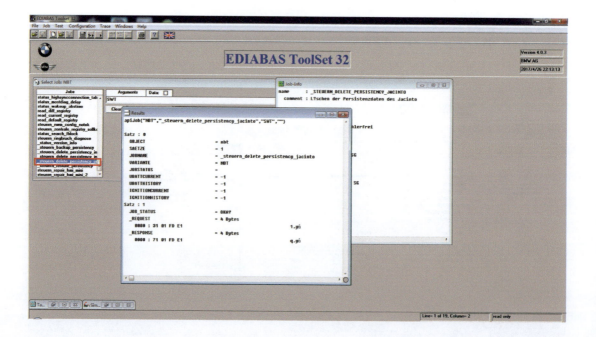

十　宝马 F 底盘车型 CIC/NBT 主机导入证书

1. 绑定 ICOM 步骤

1）双击 IToolRadar 快捷方式图标（ICOM 绑定软件）。

2）选中第一行 IP，单击"Reserve"按钮。

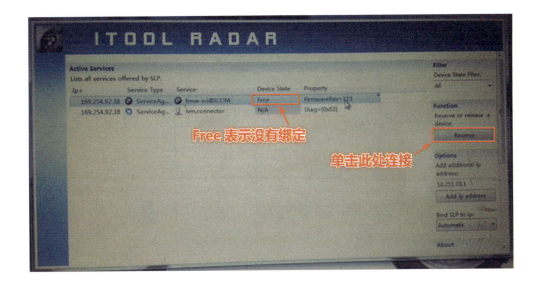

3）绑定成功。

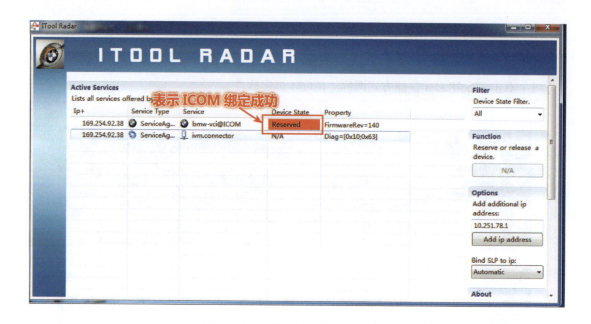

2. 与车辆建立连接步骤

1）双击"E-Sys"快捷方式图标。

十 宝马F底盘车型CIC/NBT主机导入证书

2）单击方框中的图标与车辆建立通信连接。

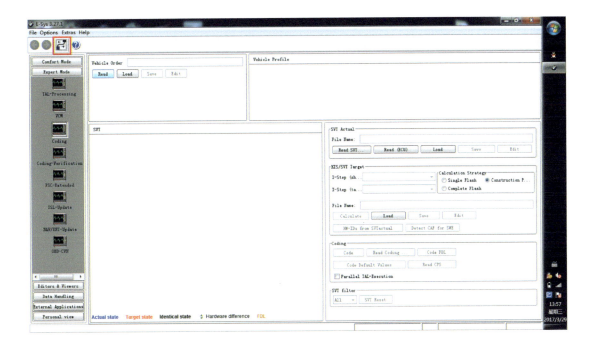

3）首先选择对应的车型，因为用的是 ENET 诊断线，选择"Connection via VIN"连接方式，再单击"Connect"按钮连接。

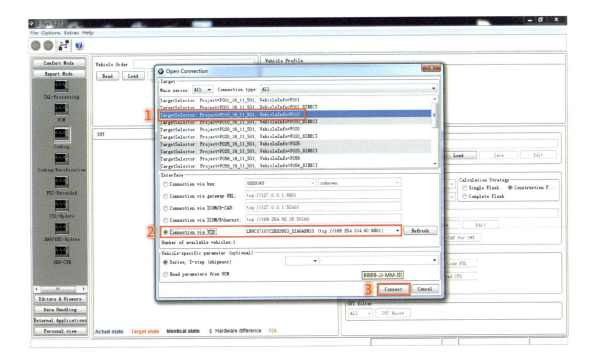

89

4)连接成功,单击"OK"按钮。

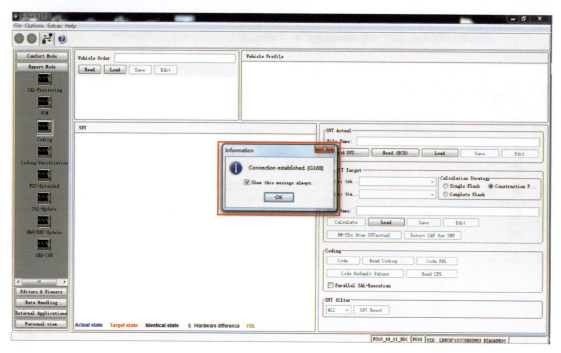

3. 导入证书和校验详细步骤

1)单击"FSC-Extended"模式。

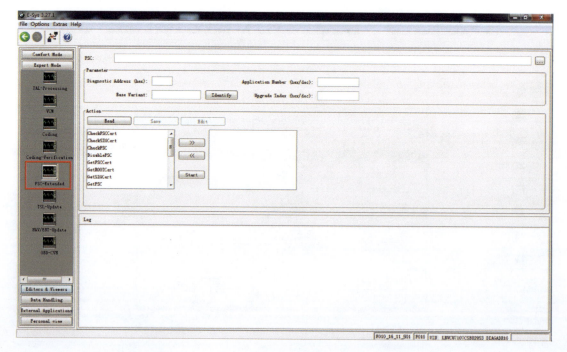

2）CIC主机要导入"001B0001""00270001"两个文件（NBT主机要导入"00A10001""00DE0001"两个文件），首先导入"001B0001"文件，选择后缀带"fsc"的文件，然后单击"Open"按钮打开。

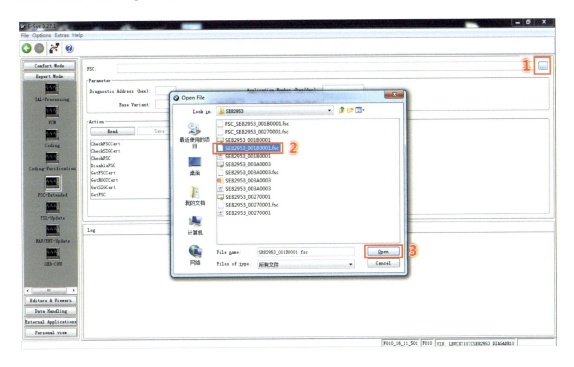

3）输入"0X63"，然后单击"Identify"按钮识别。

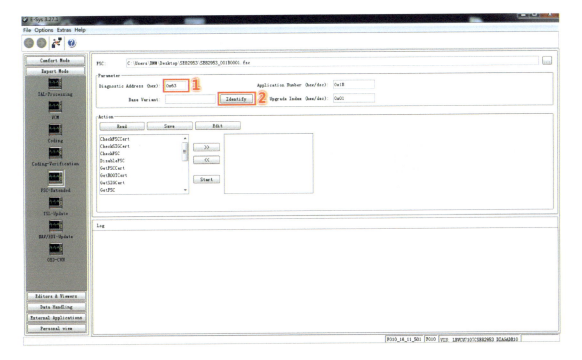

4)识别成功后,选择写VIN命令,单击向右箭头,按提示输入VIN,单击"OK"按钮。

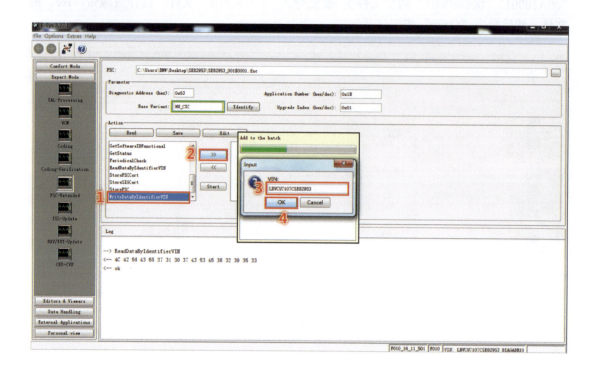

5)单击"Start"按钮开始写入。

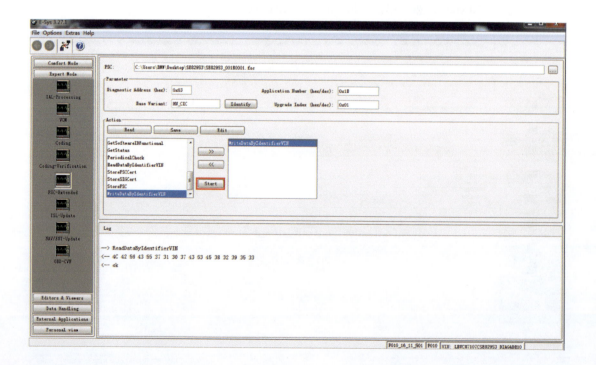

十　宝马F底盘车型CIC/NBT主机导入证书

6) 写入成功后，单击右侧方框中的命令，再单击向左箭头，把命令移回到左侧方框中。

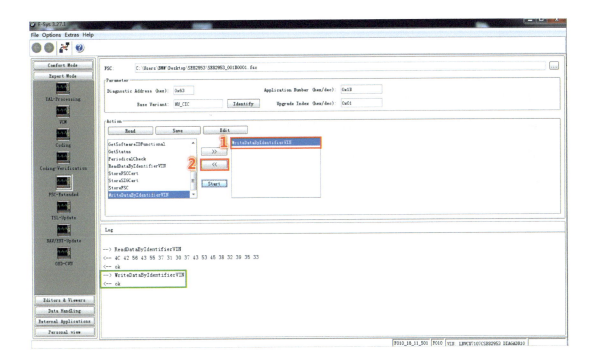

7) 按住键盘上的"Ctrl"键，同时选择左侧方框中的两条命令，然后单击向右箭头。

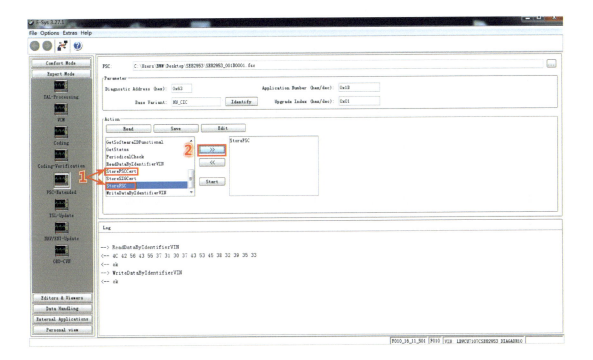

93

8）按提示加载带花的"001B0001"文件，然后单击"Open"按钮。

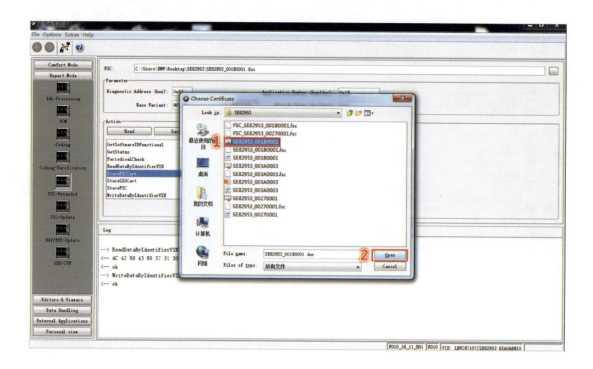

9）单击"Start"开始写入。

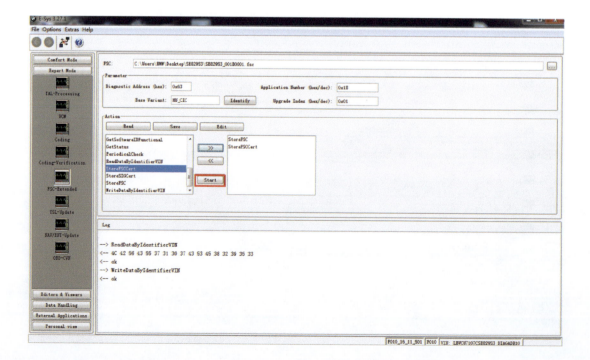

十　宝马F底盘车型CIC/NBT主机导入证书

10）写入成功后，按住键盘上的"Ctrl"键，同时选择右侧方框中的两条命令，然后单击向左箭头，把右侧方框中的命令移回到左边。

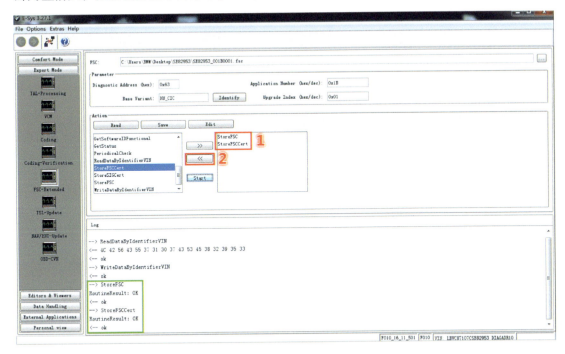

11）按住键盘上的"Ctrl"键，同时选择左侧方框中的两条命令，然后单击向右箭头，再单击"Start"开始校验。

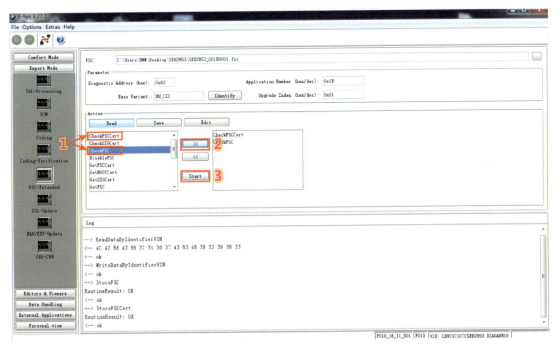

95

12)校验成功,按住键盘上的"Ctrl"键,同时选择右侧方框中的两条命令,然后单击向左箭头,把右侧方框中的命令移回到左边。

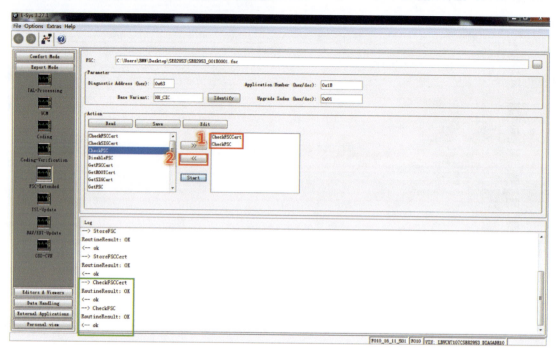

13)再导入"00270001"文件,选择后缀带"fsc"的文件,然后单击"Open"按钮。

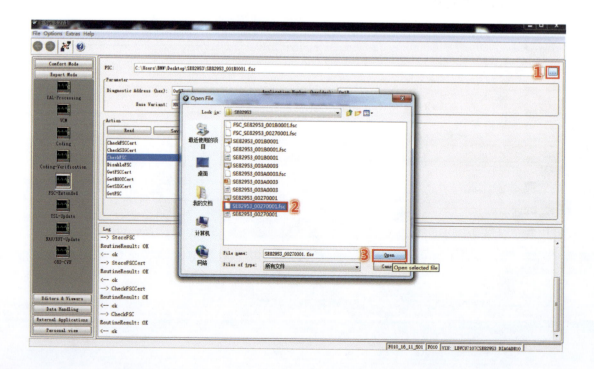

十　宝马F底盘车型CIC/NBT主机导入证书

14）按住键盘上的"Ctrl"键，同时选择左侧方框中的两条命令，然后单击向右箭头。

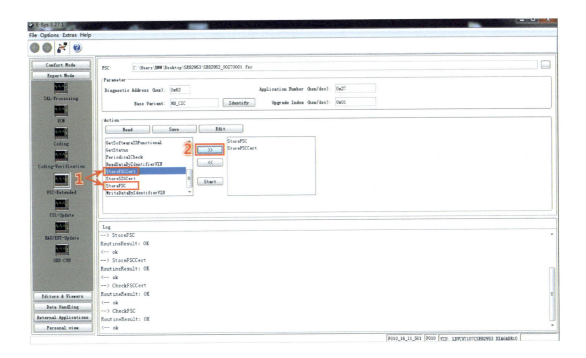

15）按提示加载带花的"00270001"文件，然后单击"Open"按钮。

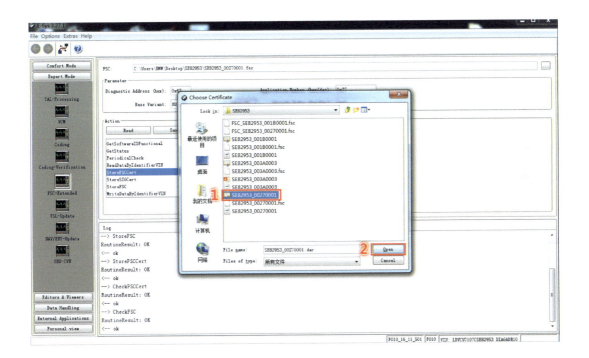

97

16）单击"Start"开始写入。

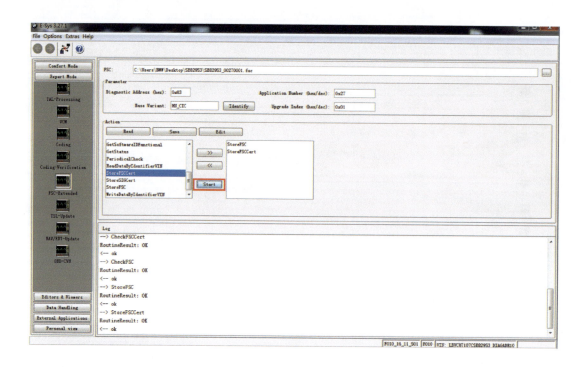

17）写入成功后，按住键盘上的"Ctrl"键，同时选择右侧方框中的两条命令，然后单击向左箭头，把右侧方框中的命令移回到左边。

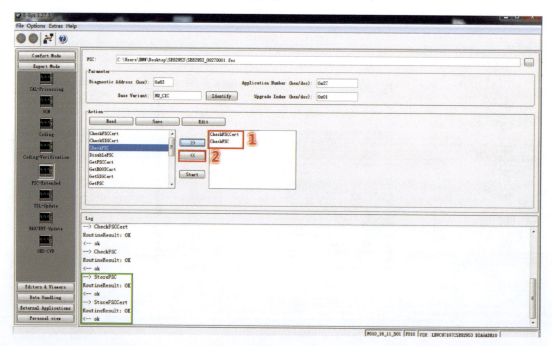

十　宝马F底盘车型CIC/NBT主机导入证书

18）按住键盘上的"Ctrl"键，同时选择左侧方框中的两条命令，然后单击向右箭头，再单击"Start"开始校验。

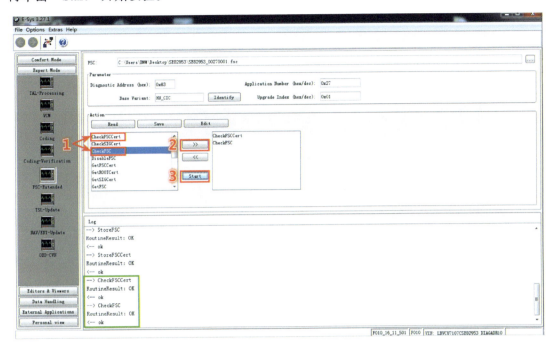

19）校验成功，手动重启主机，导入证书完毕。

EC-APPS 计算导航激活码

1. 打开 EC-APPS 软件

双击导航激活码计算软件快捷方式图标（EC-APPS）。

2. 导入 FSC 文件

1）单击"Browse"按钮加载"001B0001.fsc"文件（如果是NBT主机，要加载00DE0001.fsc）。

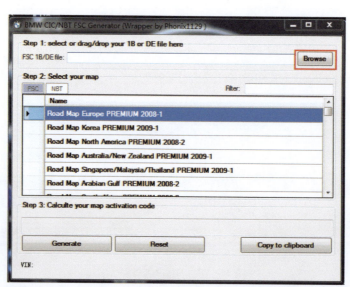

2）选择对应的文件，单击"打开"按钮。

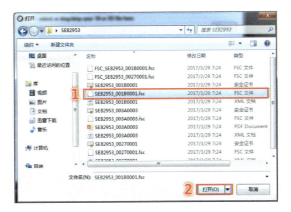

3. 选择导航码类型

1）选择永久激活码或最新日期，单击"Generate"生成。

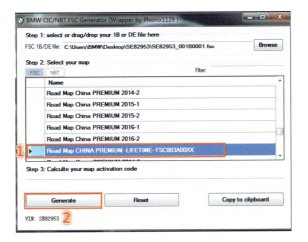

2）记录生成的激活码。

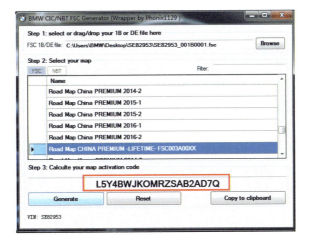

4. 输入导航码方法

通过 CON 旋钮输入激活码,输入完成后选择"OK"。

十二 BMWAiCoder 计算导航激活码

1. 打开导航码计算软件

1）双击 BMWAiCoder 快捷方式图标。

2）单击"工具"按钮，然后选择"FSC Tools"。

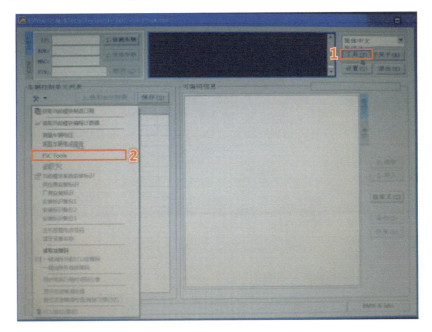

103

2. 导入FSC文件

单击"载入FSC",在证书文件夹中选择"FSC_SE82953_001B0001.fsc"文件,(如果是NBT主机就选择"00ED0001"文件)单击"打开"按钮。

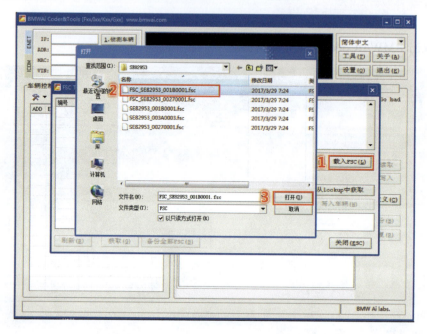

3. 导航码计算详细步骤

1)单击"从lookup中获取"按钮。

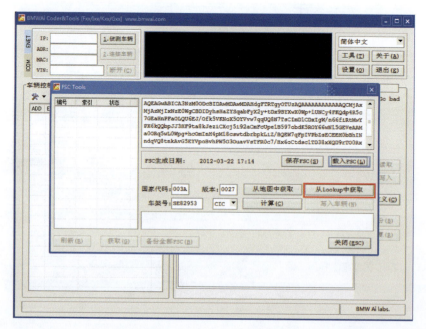

2）选择国家、最新的时间、主机类型（CIC 或 NBT），然后单击"确认"按钮。

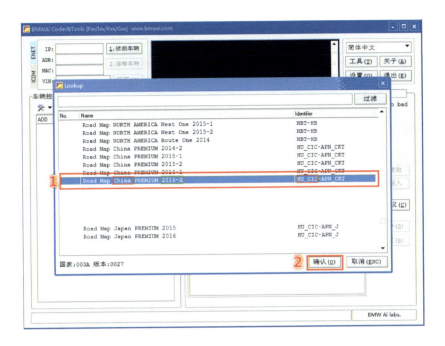

3）单击"计算"按钮。

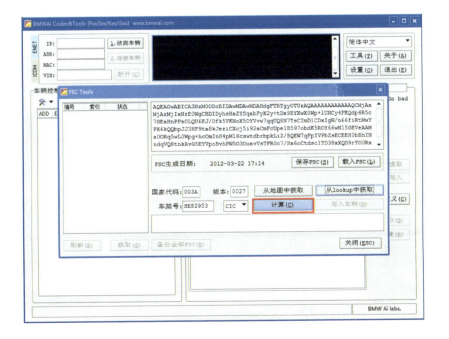

4）记录算出的导航激活码。

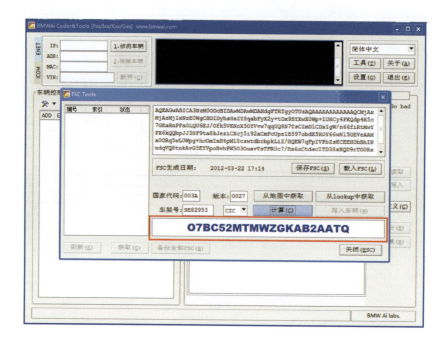

4. 输入导航激活码

通过 CON 上的旋钮输入激活码,然后选择"OK"。

第二部分
奔驰工程师软件操作实例

一　奔驰 Vediamo 工程师基础知识

1. Vediamo 首界面功能介绍

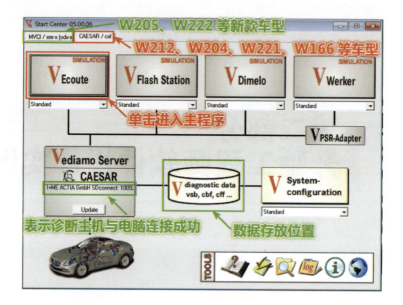

2. CBF 与 CFF 文件存储路径

（1）CBF 文件路径
DAS 系统的 CBF 文件路径是
C:\Program Files（x86）\Mercedes-Benz\DAS\comdat\pkw\cbf
Xentry 系统的 CBF 文件路径是
C:\Program Files（x86）\Mercedes-Benz\Xentry\MB_PKW\Caesar\cbf
（2）CFF 文件路径
C:\Program Files（x86）\Mercedes-Benz\SDFlash\Release\pkw

3. 工程师软件中常用控制模块名称

ME97、SIM271KE、SIM271DE、MED177、MED178、MED40—发动机电脑
CR60LS、CDI6BIN5EU6＝柴油发动机电脑　PTCM＝行李舱盖控制
ORC、ARCADE、SRS＝气囊电脑　　KI、IC＝仪表　EZS、EIS＝点火开关
ISM、DSM、A80＝智能伺服电脑　VGSNAG2＝变速器电脑　CGW＝网关
RBTM、ETR＝带预紧安全带　LF、SPC＝空气悬架　SCCM、N80＝转向柱模块
HVAC＝空调　HLC、LCU、LED＝前照灯模块　　HLI、HLM、ALWR＝前照灯电脑
SAMF＝前 sam　SAMR＝后 sam　HU、COMMAND　DMFL＝左前车门控制单元

DMRR= 右后车门控制单元 ESP、RBS、ABR= 电子稳定程序制动系统
SEATD= 主驾座椅控制单元   CBC=166sam
SEATP= 副驾座椅控制单元 FSCUO8、FSCM= 燃油泵控制单元
DMFR= 右前车门控制单元   DMRL= 左前车门控制单元
EPKB= 电子驻车制动控制单元

4. 查询工程师软件中模块名称的方法

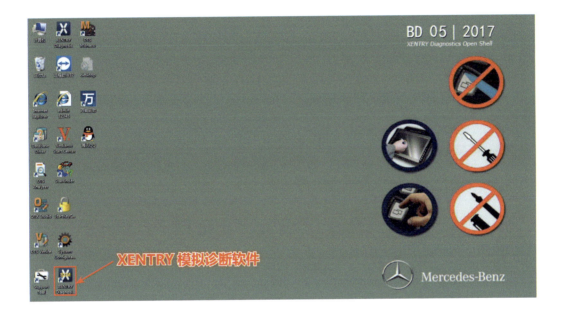

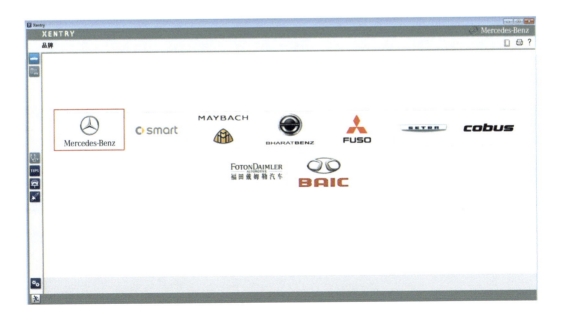

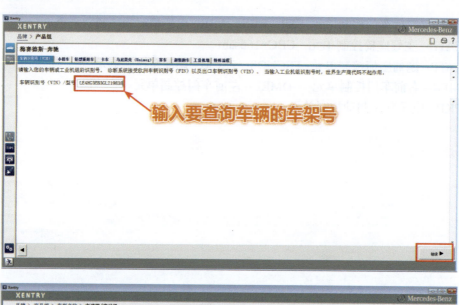

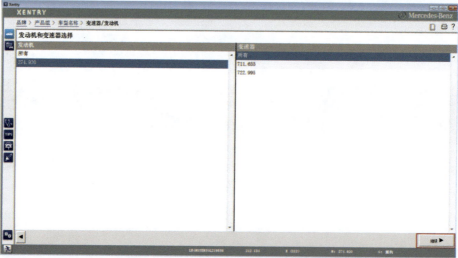

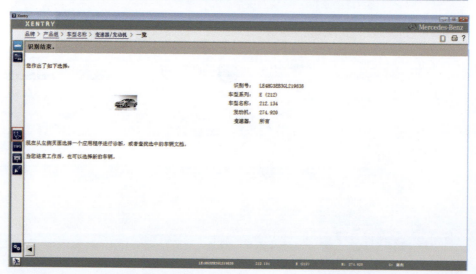

一　奔驰Vediamo工程师基础知识

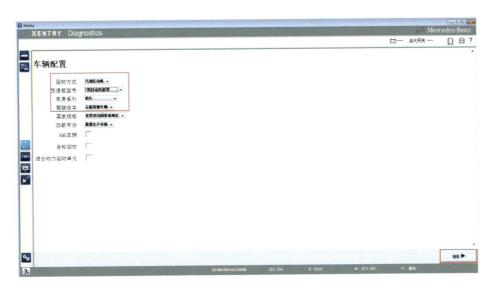

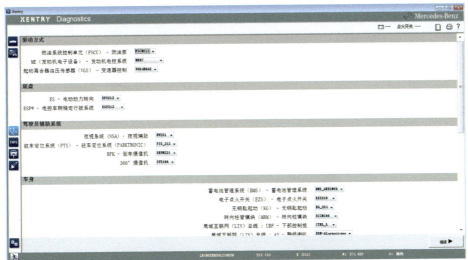

5. 与模块建立连接的方法

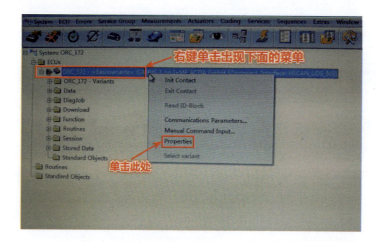

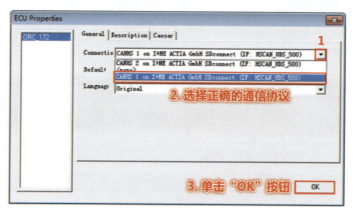

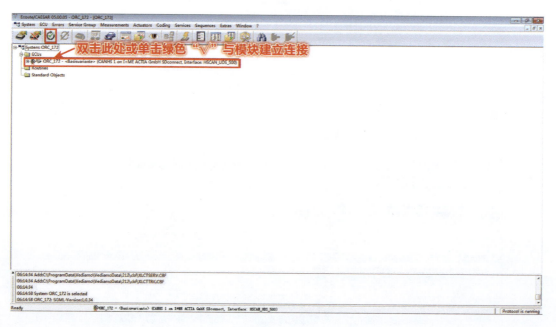

6. 进入模块后各项功能介绍

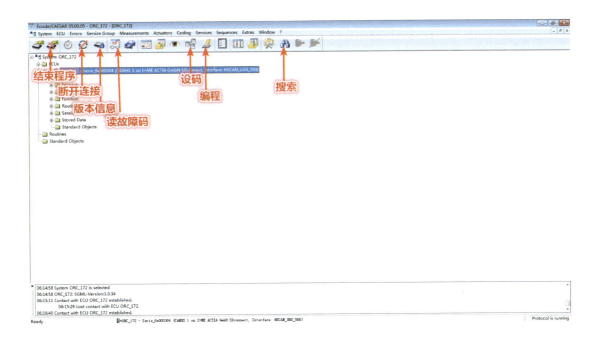

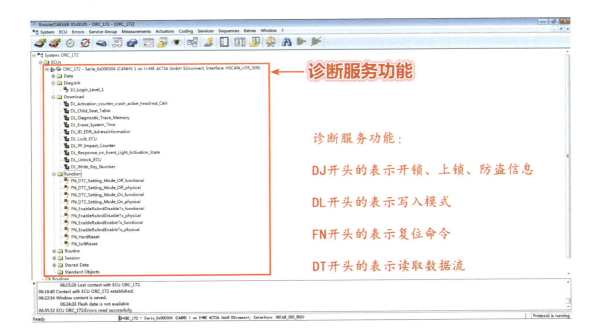

诊断服务功能：

DJ开头的表示开锁、上锁、防盗信息

DL开头的表示写入模式

FN开头的表示复位命令

DT开头的表示读取数据流

二 奔驰 W166 GL350 取消尿素系统功能

1. 根据原车电脑软件号找出对应取消尿素系统功能的软件号

1）读取电脑软件号和硬件号。

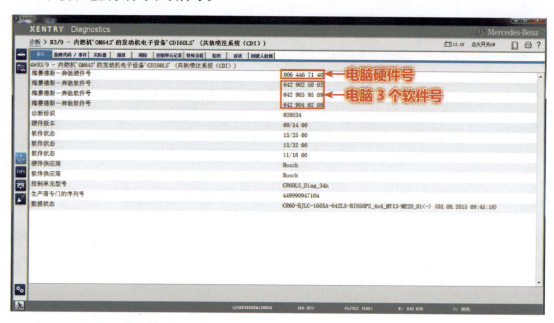

2）找出取消尿素系统功能对应的软件号。

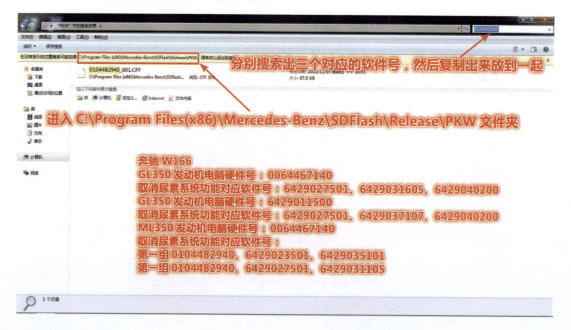

二　奔驰W166 GL350取消尿素系统功能

3）新建一个文件夹把对应的三个CFF文件复制到里面。

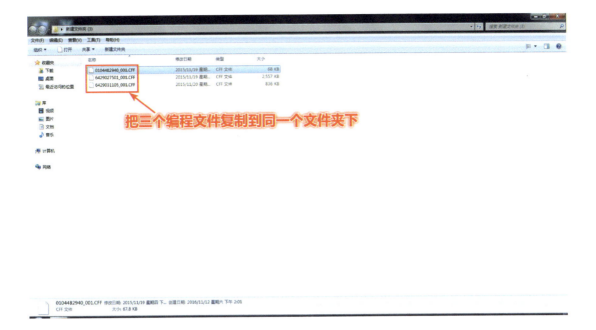

2. 与CR60LS发动机电脑建立连接的详细步骤

1）打开工程师软件。

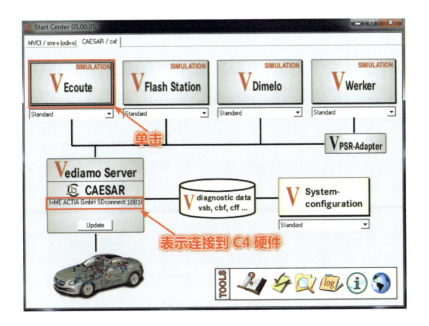

115

2）单击加载诊断数据。

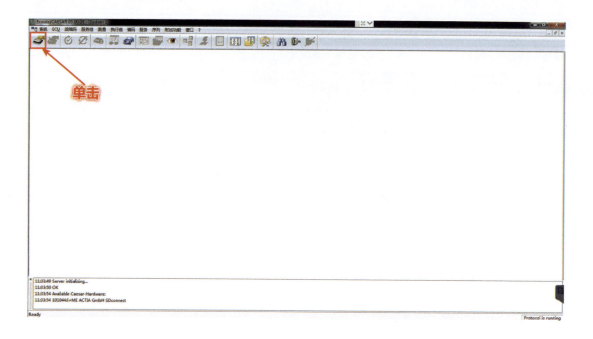

3）查找诊断数据 CBF 文件。

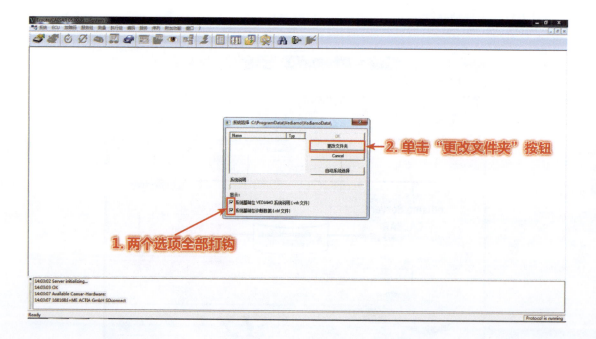

4)导入 CBF 数据。

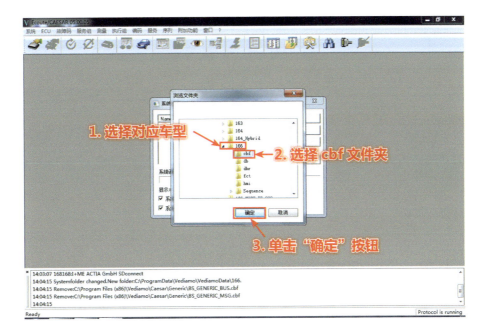

5)选择对应的模块(CR60LS 发动机电脑)。

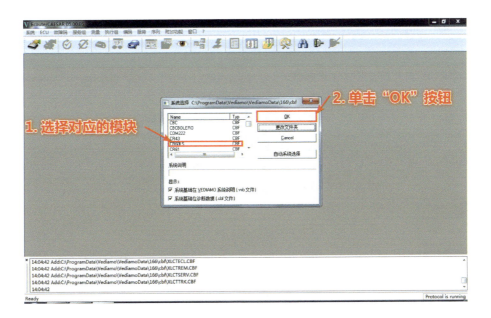

6）双击连接 CR60LS（发动机电脑）。

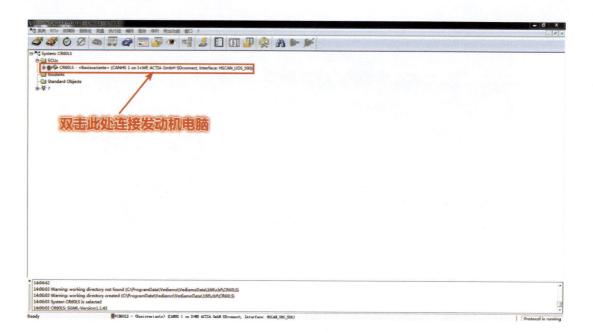

7）连接成功。

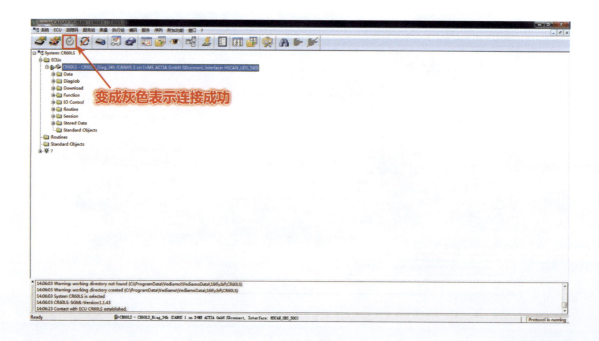

二　奔驰W166 GL350取消尿素系统功能

3. 解锁发动机电脑

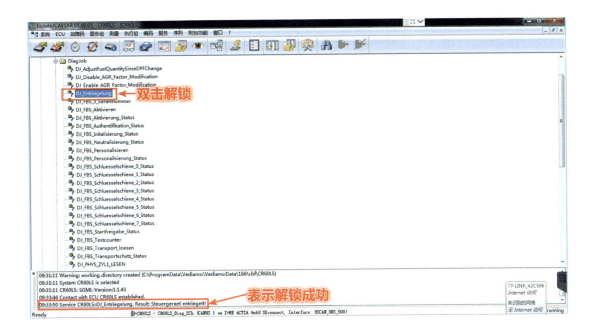

4. 修改设码数据

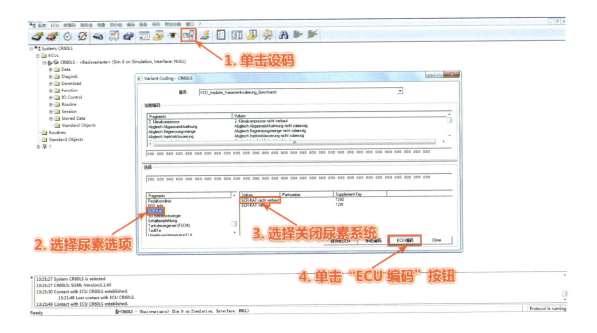

5. 通过编程写入取消尿素系统功能的软件

1）把三个 CFF 编程文件复制到指定的根目录下。

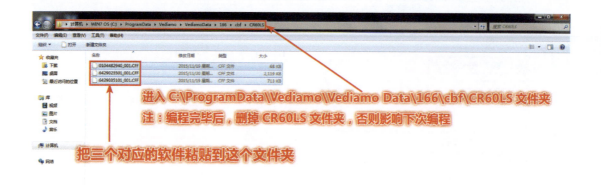

2）导入编程软件。

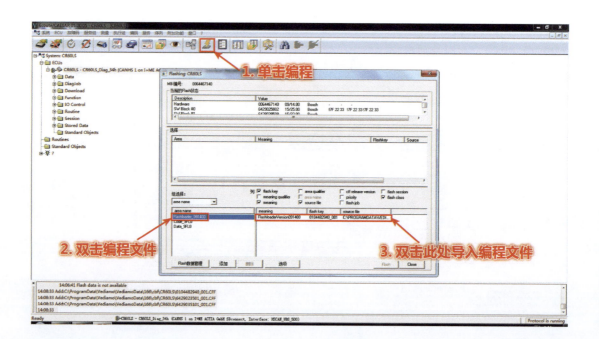

二　奔驰W166 GL350取消尿素系统功能

3）导入完成后开始编程。

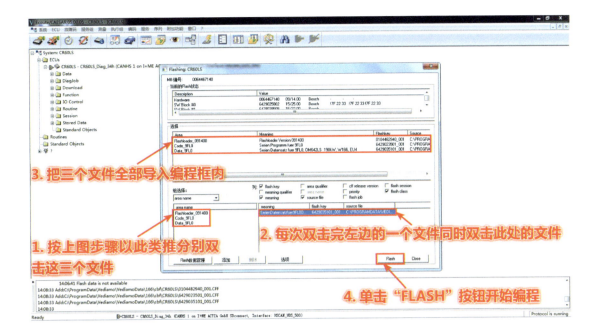

4）显示编程进度条。

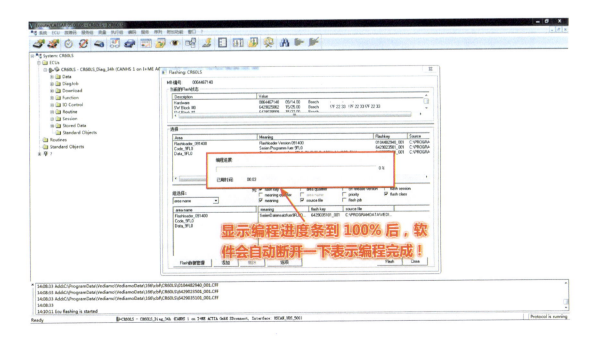

5）编程成功。

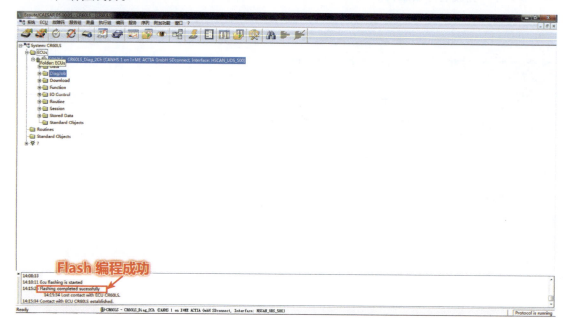

6. 拔掉尿素系统电脑插头

尿素系统功能取消完成。

三　奔驰W166关闭预热指示灯和发动机故障指示灯

三　奔驰 W166 关闭预热指示灯和发动机故障指示灯

1. 与仪表建立连接

1）打开工程师软件。

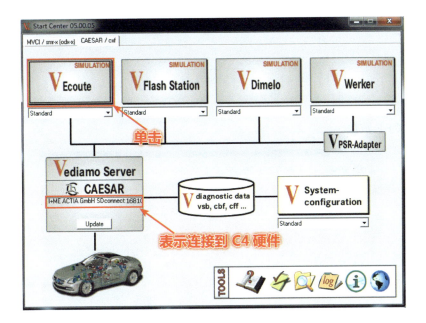

2）单击加载诊断数据。

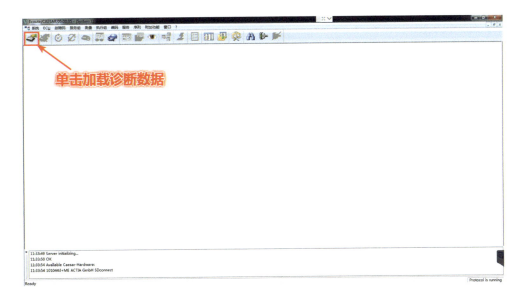

123

3）查找诊断数据 CBF 文件。

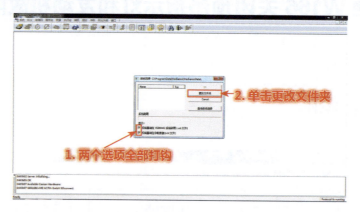

4）导入 CBF 数据。

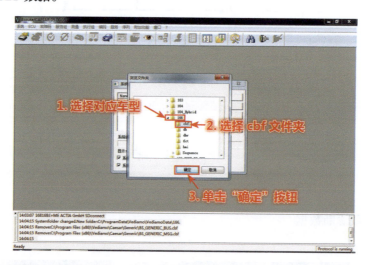

5）选择仪表模块。

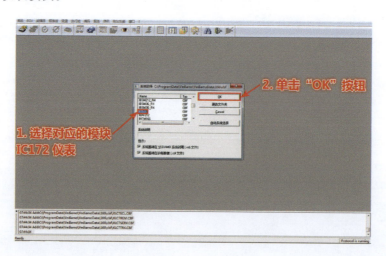

三 奔驰W166关闭预热指示灯和发动机故障指示灯

6）双击连接仪表。

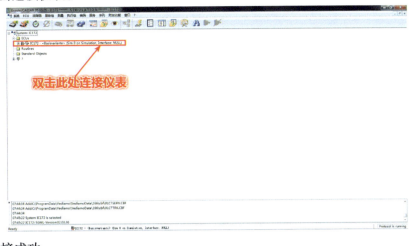

7）连接成功。

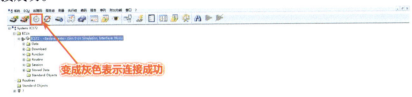

2. 取消预热指示灯

1）单击设码。

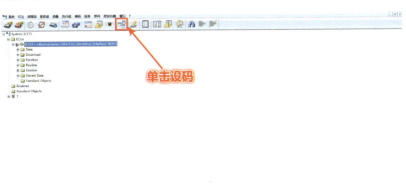

2）选择 VCD 05 设码数据组，选择柴油预热灯选项，选择禁用，单击"ECU 编码"按钮。

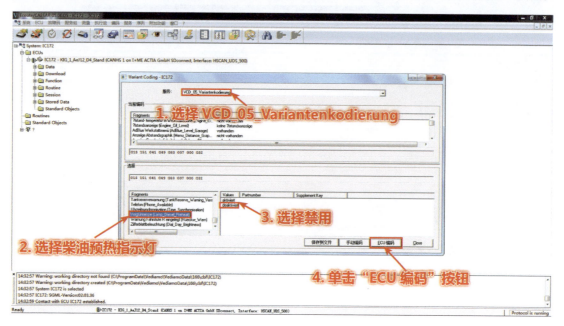

3. 取消发动机故障指示灯

1）选择 VCD 05 设码数据组，选择发动机故障指示灯选项，选择禁用，单击"ECU 编码"按钮。

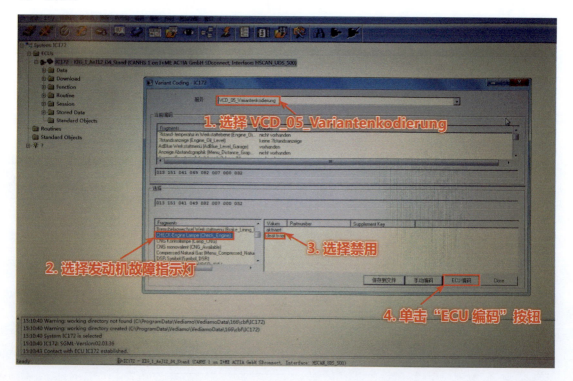

三 奔驰W166关闭预热指示灯和发动机故障指示灯

2)发动机故障指示灯取消前。

3)发动机故障指示灯取消后。

四 奔驰 W164 取消尿素系统锁止

1. 解析

奔驰 W164 屏蔽尿素系统，需要给发动机电脑和尿素电脑分别写入屏蔽尿素系统的数据，首先读取原车发动机电脑和尿素电脑的软件号。

1）发动机电脑软件号。

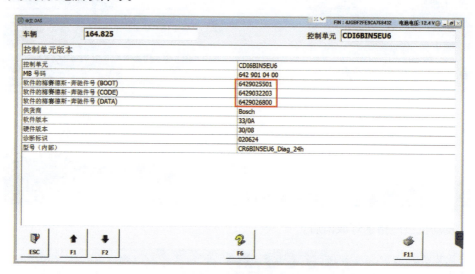

2）尿素电脑软件号。

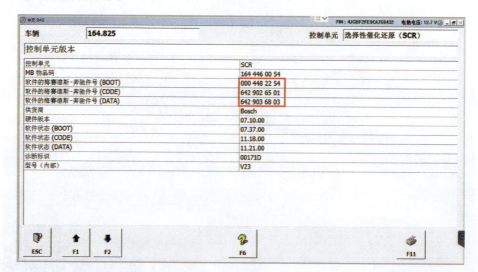

四　奔驰W164取消尿素系统锁止

2. 与CR6BIN5EU6发动机电脑建立连接的详细步骤

1）打开工程师软件。

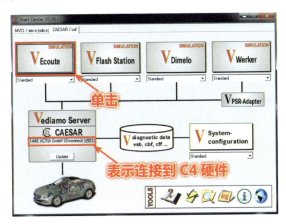

2）单击加载诊断数据。

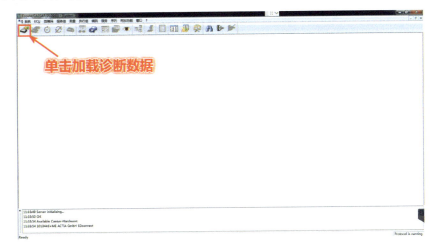

3）查找诊断数据CBF文件。

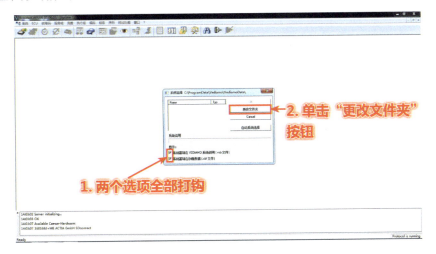

4)导入 CBF 数据。

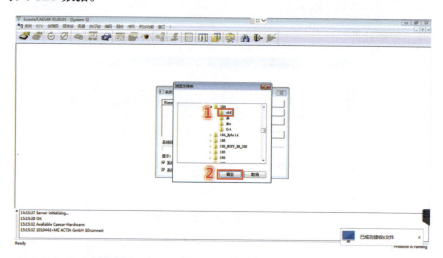

5)选择对应的控制模块 CR6BIN5EU6 发动机电脑,然后单击"OK"按钮。

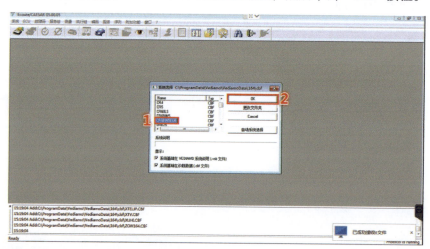

6)双击连接 CR6BIN5EU6 发动机电脑。

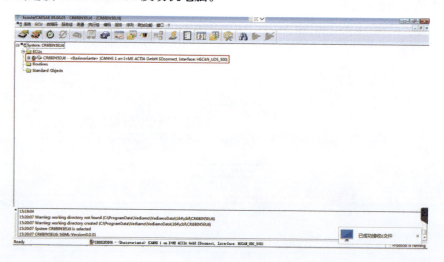

7)"√"变为灰色表示连接成功,单击编程。

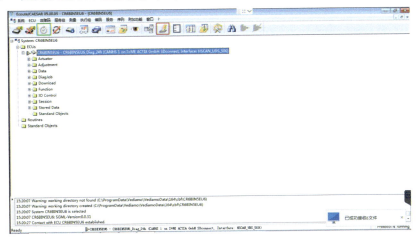

3. 发动机电脑编程详细步骤

1)复制要写入发动机电脑的三个 CFF 文件。

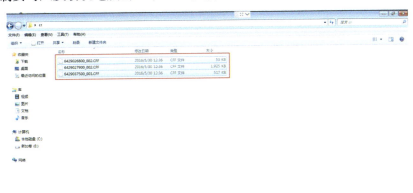

2)单击"Flash 数据管理",加载要写入的文件。

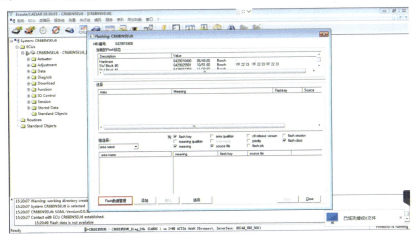

3）单击"添加"按钮。

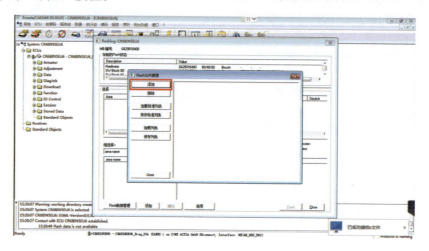

4）把要写入的三个 CFF 文件粘贴到此处，然后单击"打开"按钮。

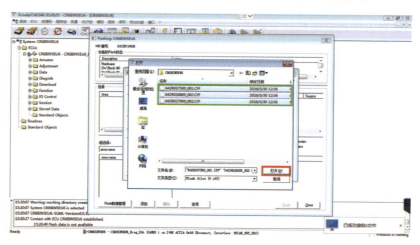

5）已载入要写入的文件，单击"Close"按钮退出。

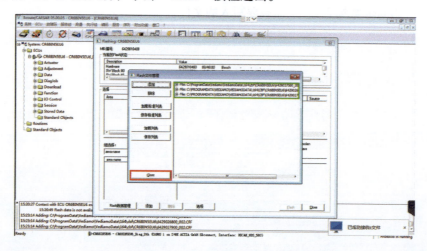

6）双击第一个框中的第一个文件，双击后自动生成第二个框中的文件；然后再双击第二个框中的文件，双击后自动生成第三个框中的文件。以此类推，把3个文件全部导入到第三个框中。

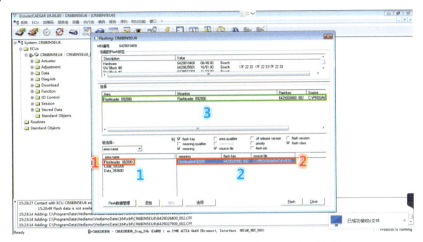

7）3个文件全部导入后，单击"Flash"按钮开始编程写入数据。

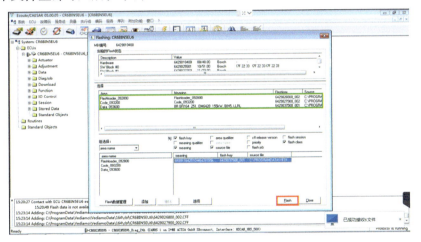

8）正在编程。

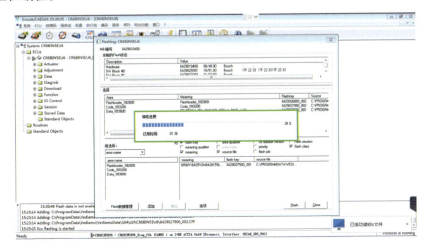

9）编程完毕，软件自动退出编程页面。

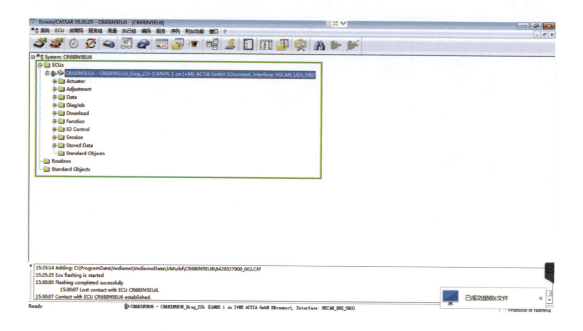

10）单击读取电脑信息图标，查看读出的软件号是否和开始载入要编程的软件号相同。

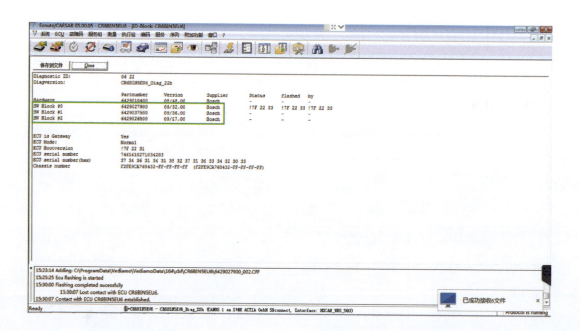

4. 与 SCRCM 尿素电脑建立连接的详细步骤

1）发动机电脑数据写入完毕后，选择"SCRCM"尿素电脑，单击"OK"按钮。

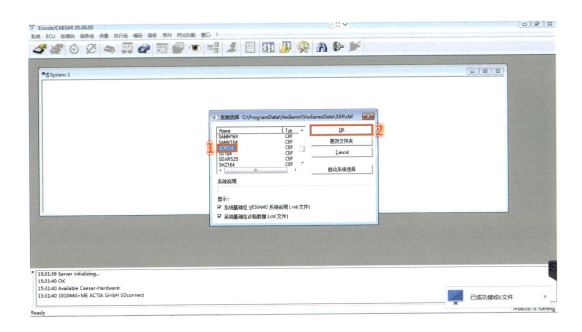

2）双击连接 SCRCM 尿素电脑。

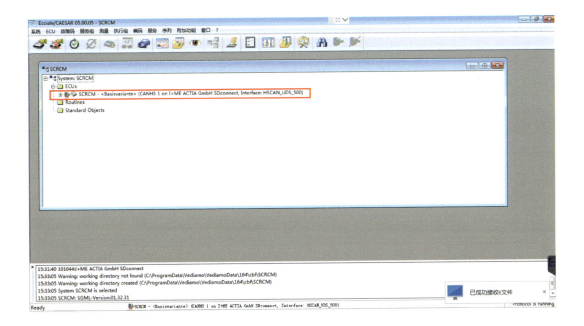

3)"√"变为灰色表示连接成功,单击编程图标。

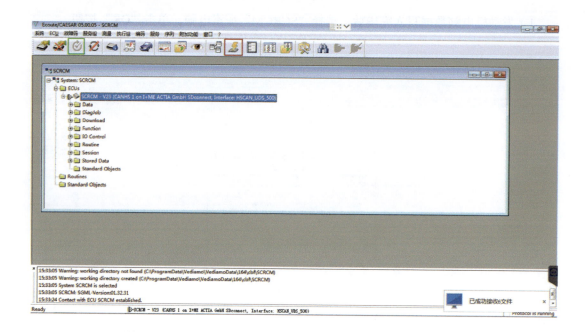

5. 尿素电脑编程详细步骤

1)复制要写入尿素电脑的 3 个 CFF 文件。

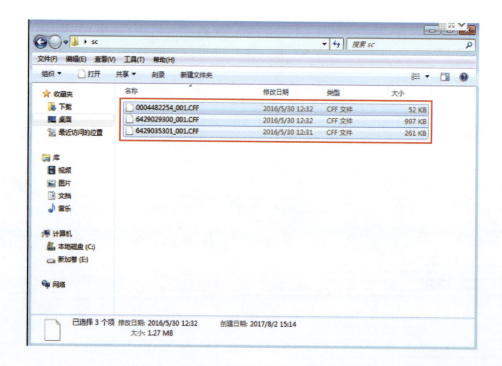

2）单击"Flash 数据管理"，加载要写入的文件。

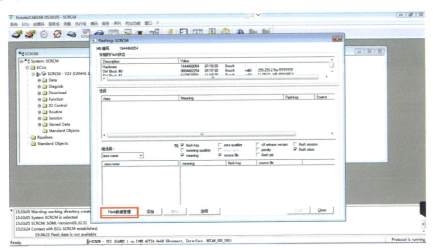

3）单击"添加"按钮。

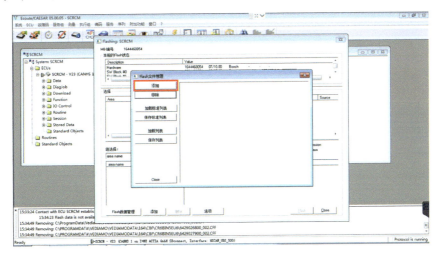

4）把要写入的三个 CFF 文件粘贴到此处，然后单击"打开"按钮。

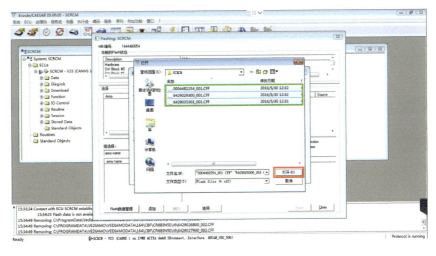

5)已载入要写入的文件,单击"Close"按钮退出。

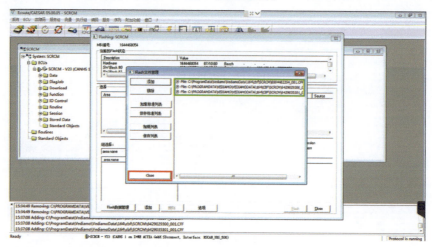

6)双击第一个框中的第一个文件,双击后自动生成第二个框中的文件;然后再双击第二个框中的文件,双击后自动生成第三个框中的文件。以此类推,把3个文件,全部导入到第三个框中。

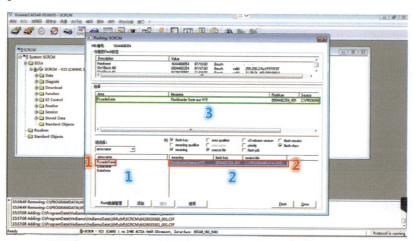

7)3个文件全部导入后,单击"Flash"按钮开始编程写入数据。

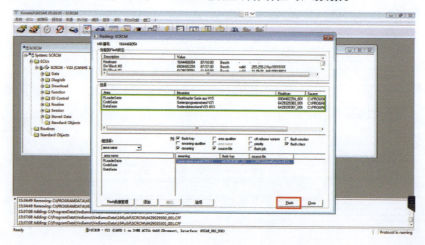

四　奔驰W164取消尿素系统锁止

8）正在编程。

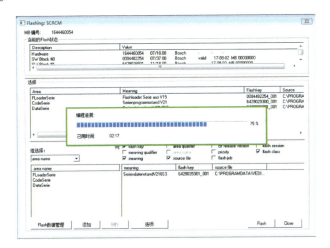

9）编程完毕，软件自动退出编程页面。

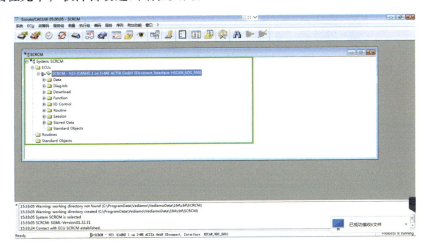

10）单击读取电脑信息图标，查看读出的软件号是否与开始载入要编程的软件号相同。

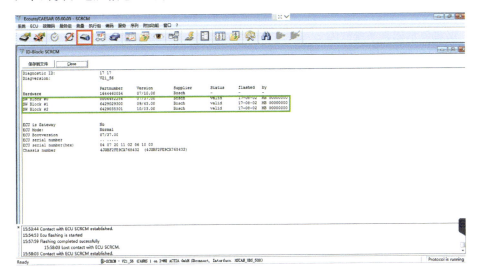

139

6. 注意事项

W164 取消尿素系统功能只是屏蔽锁止次数,如果尿素系统有故障或发动机有故障,仪表还是会显示故障码,只是不会再显示锁止次数,也不会锁止发动机起动。

1)仪表显示锁止次数。

2)尿素系统故障码。

3)仪表显示尿素系统故障。

五 奔驰 W166 屏蔽儿童座椅识别传感器

1. 相关故障码

2. 与气囊电脑建立连接的详细步骤

1)打开工程师软件。

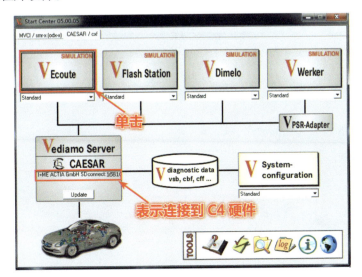

2）单击加载诊断数据。

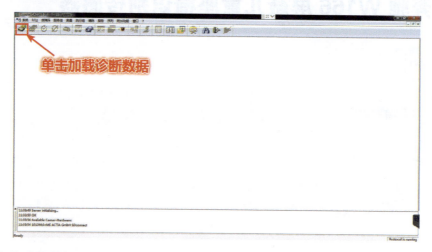

3）查找诊断数据 CBF 文件。

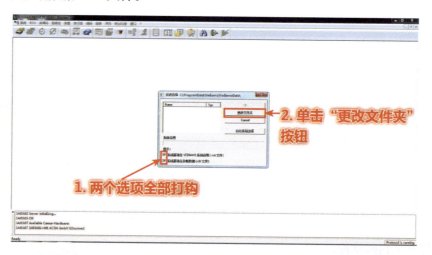

4）导入 CBF 数据。

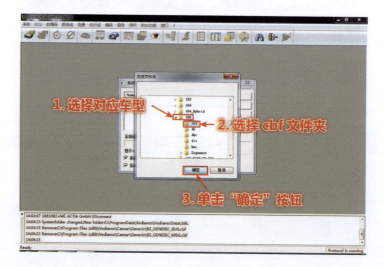

五　奔驰W166屏蔽儿童座椅识别传感器

5）选择"ORC166"（气囊模块），单击"OK"按钮。

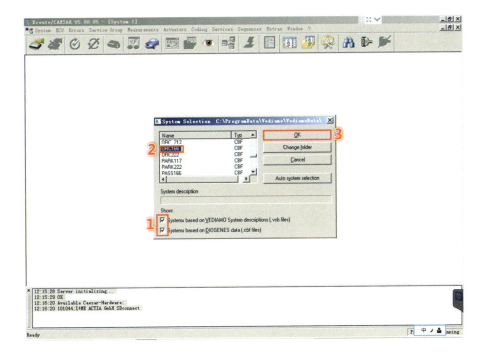

6）单击"accept"按钮。

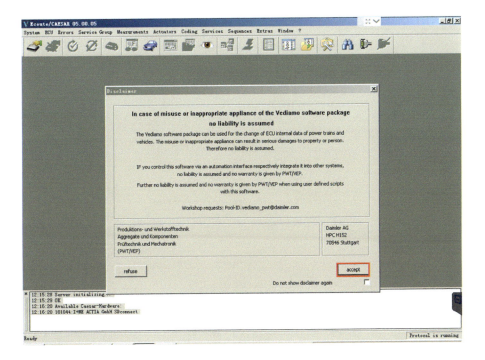

7) 双击连接模块。

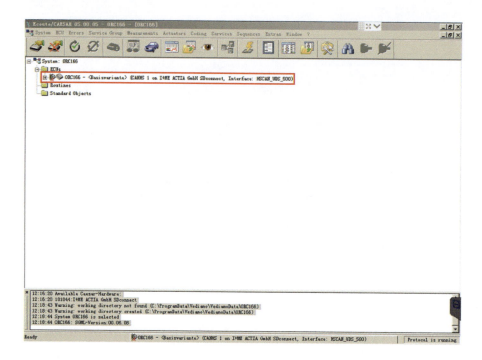

8) 显示连接成功。

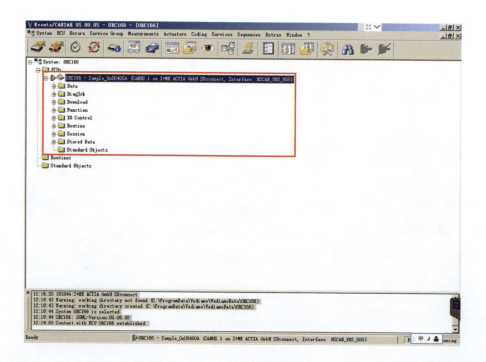

3. 修改设码数据详细步骤

1）双击授权命令。

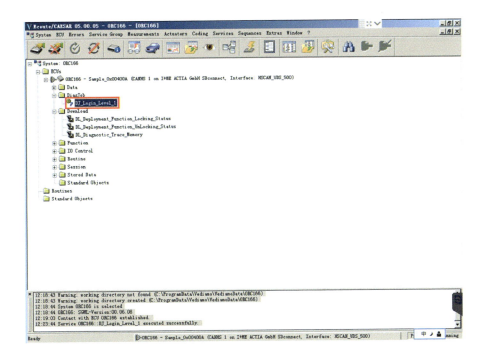

2）双击解锁命令，单击"OK"按钮。

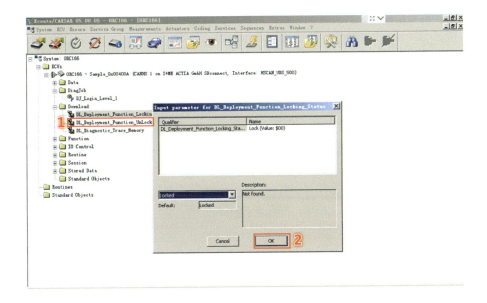

3）选择"VCD_ECU_lnput_Communication_Configuration"编码区，找到"Seat Sensing System Definition"选项并选中，选择"No Seat mat"然后单击"ECU-Coding"设码。

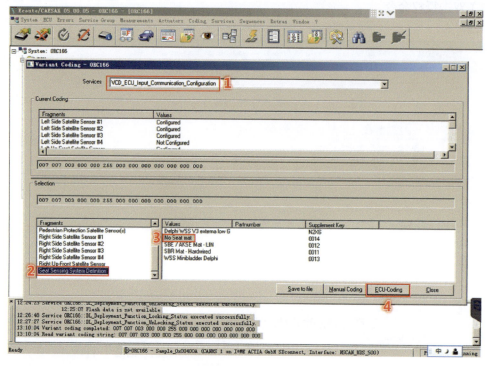

4）双击上锁命令，单击"OK"按钮。

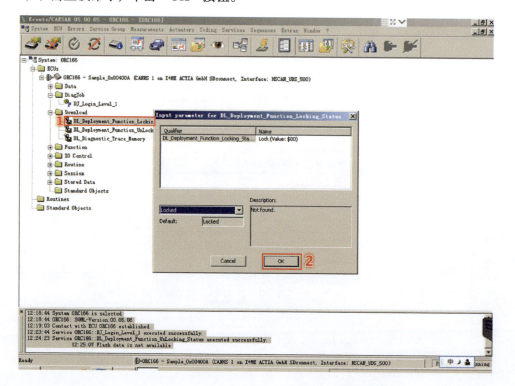

5）单击复位气囊电脑。

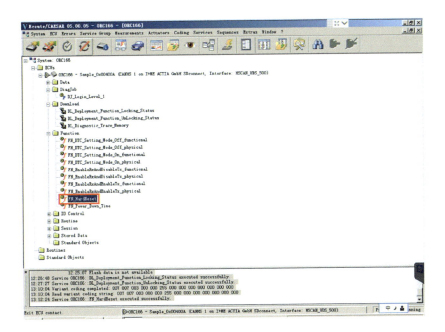

4. 注意事项

1）不拔掉传感器插头会报故障码 U100855。

2）拔掉传感器插头后，再次读取故障码。

3）要拔掉的插头如下图所示。

六 奔驰 W221 屏蔽儿童座椅识别传感器

1. 相关故障码

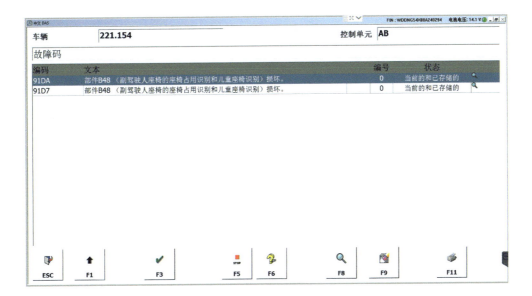

2. 与气囊电脑建立连接的详细步骤

1）打开工程师软件。

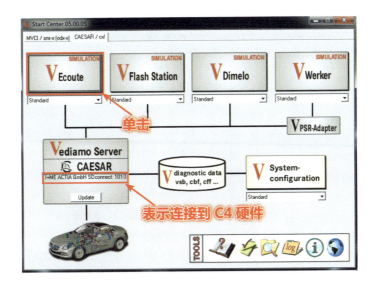

2）单击加载诊断数据。

3）查找诊断数据 CBF 文件。

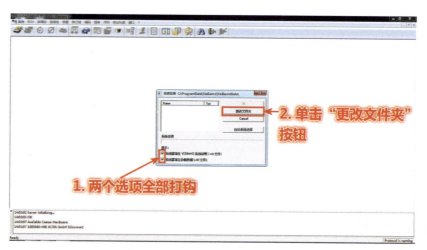

4）选择对应的 CBF 文件然后导入。

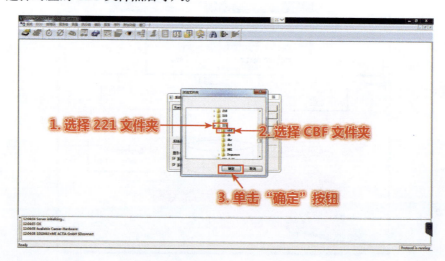

六　奔驰W221屏蔽儿童座椅识别传感器

5）选择对应的模块。

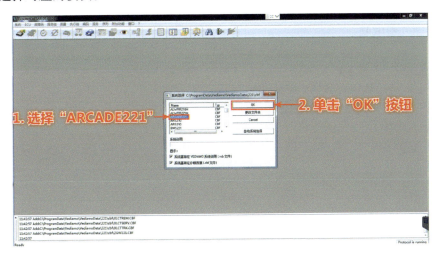

6）双击连接模块。

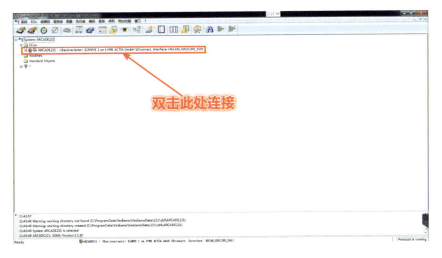

7）连接成功。

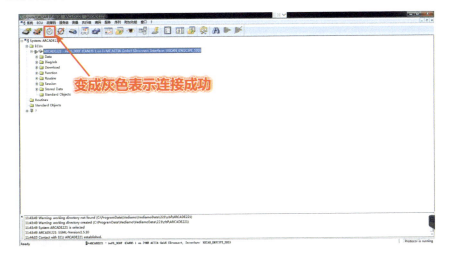

3. 修改设码数据详细步骤

1）解锁气囊电脑。

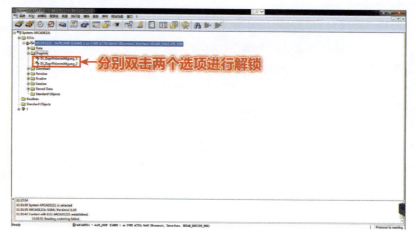

2）通过设码取消儿童座椅识别传感器的指示灯。

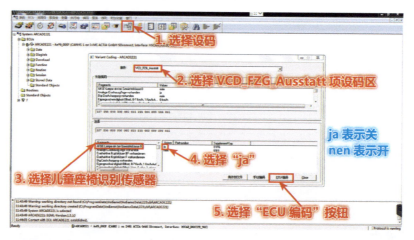

3）通过设码取消儿童座椅识别传感器功能。

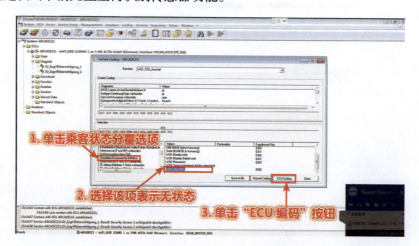

六 奔驰W221屏蔽儿童座椅识别传感器

4）取消完毕，复位气囊电脑。

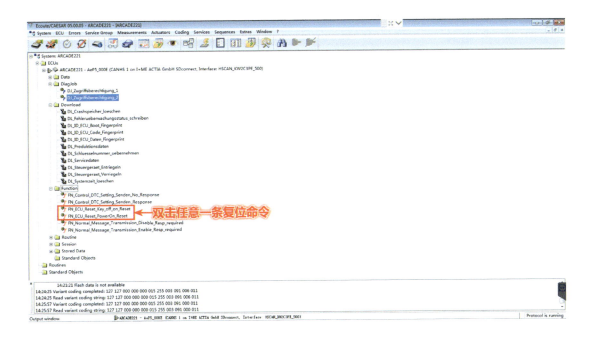

4. 注意事项

1）如果不拔插头，会报故障码 91D5。

2）拔掉传感器插头后，再次读取故障码。

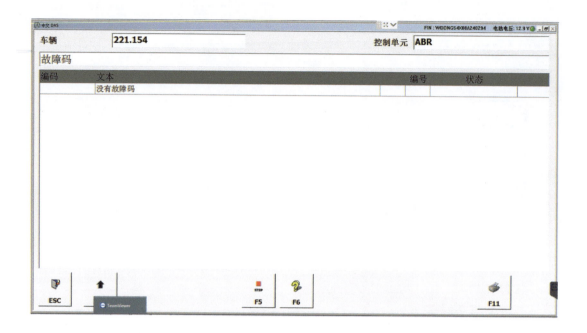

3）要拔掉的插头如下图所示。

七　奔驰 W212 更换二手发动机电脑

1. 与发动机电脑建立连接的详细步骤

1）打开工程师软件。

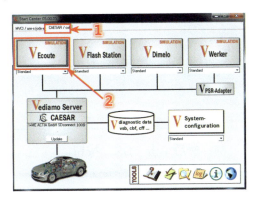

2）单击加载诊断数据。

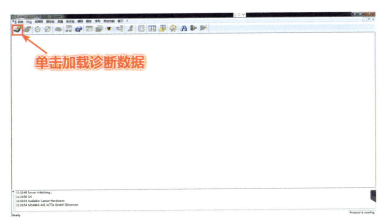

3）查找诊断数据 CBF 文件。

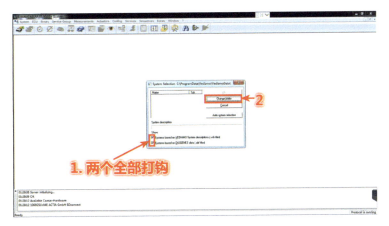

4）导入 CBF 数据。

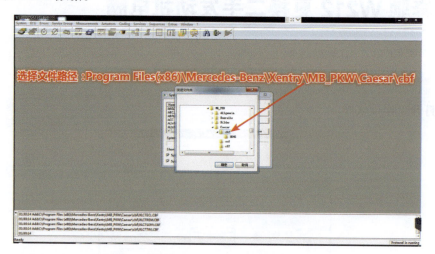

5）选择 ME97 发动机电脑，然后单击"OK"按钮。

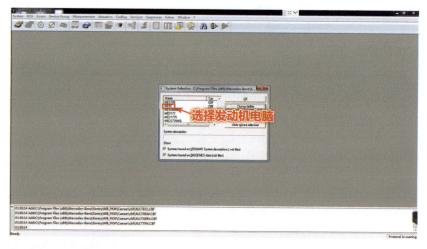

6）连接 ME97 发动机电脑。

7）连接成功。

2. 修改 FIN 详细步骤

1）解锁发动机电脑。

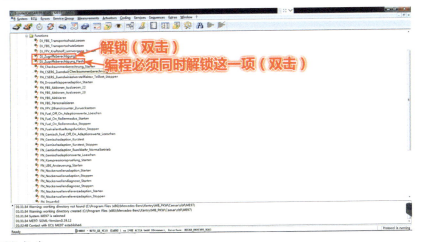

2）解锁成功。

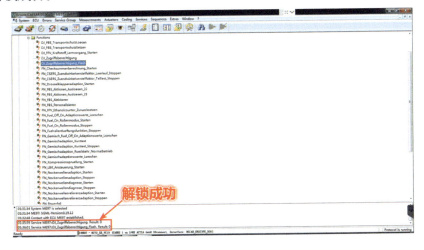

3）单击搜索图标，输入"FIN"，单击"Search"按钮开始搜索。

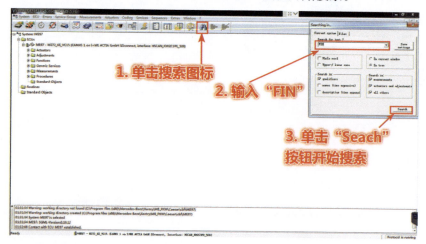

4）双击搜索框中的"DL-FIN-Schreiben"命令，在诊断功能中找到"DL-FIN-Schreiben"命令然后双击，提示输入正确的FIN。

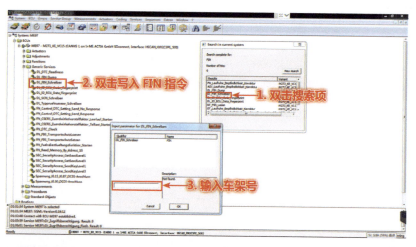

5）输入完成后单击"OK"按钮。

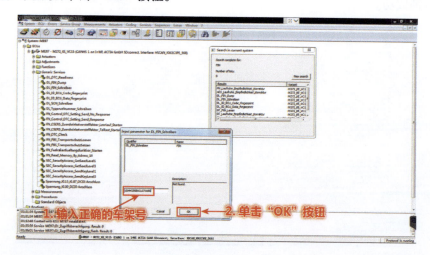

6）写入完成。

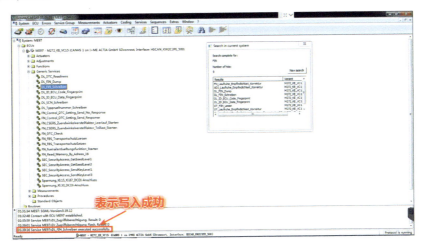

7）选择"DT-FIN-Lesen"命令，双击读取 FIN，检查是否与写入的相同。

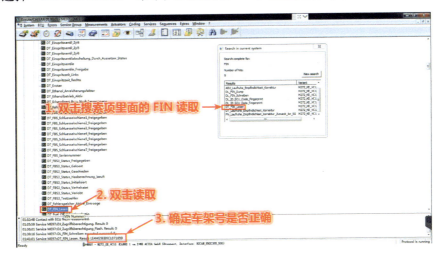

八　奔驰 W212 更换二手 EPS

1. 与发动机电脑建立连接的详细步骤

1）打开工程师软件。

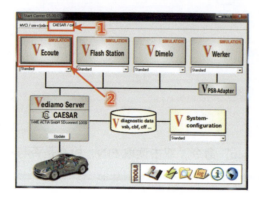

2）单击加载诊断数据。

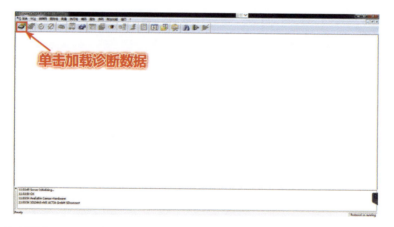

3）查找诊断数据 CBF 文件。

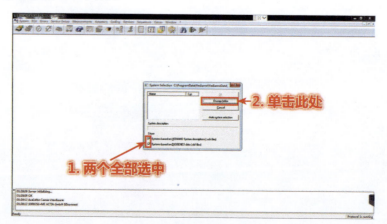

4）导入 CBF 数据。

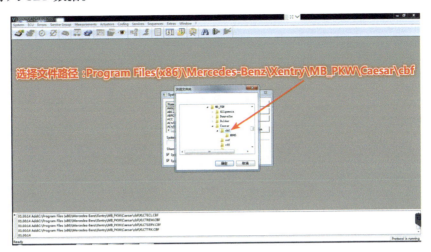

5）选择 ESP212，然后单击"OK"按钮。

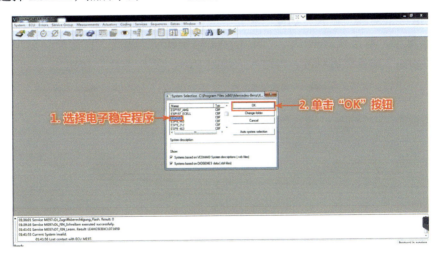

6）连接电脑。

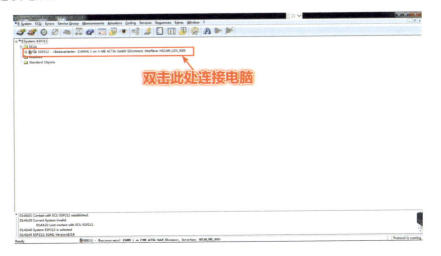

7）连接成功。

2. 修改 VIN 详细步骤

1）单击搜索图标，输入"VIN"三个字母，单击"Search"按钮开始搜索，相关命令出现在搜索框中，双击搜索框中的"DL-ID-VIN-Original"命令，在诊断功能中找到"DL-ID-VIN-Original"命令然后双击，再输入正确的 VIN，单击"OK"按钮。

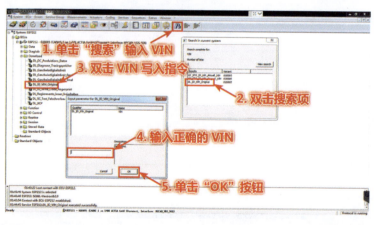

2）写入成功。

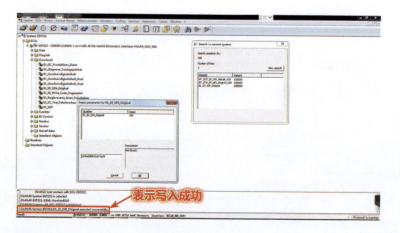

九　奔驰 W212 更换二手气囊电脑

1. 与气囊电脑建立连接的详细步骤

1）打开工程师软件。

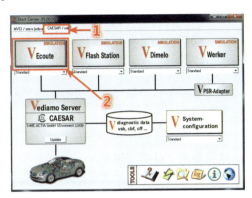

2）单击加载诊断数据。

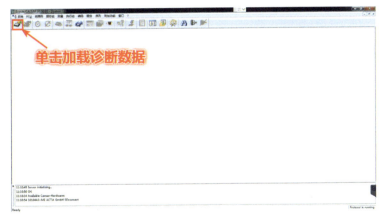

3）查找诊断数据 CBF 文件。

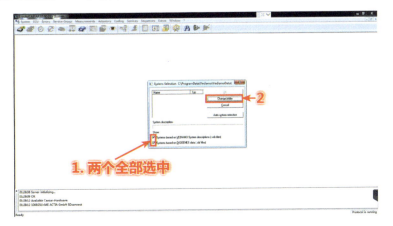

4）导入 CBF 数据。

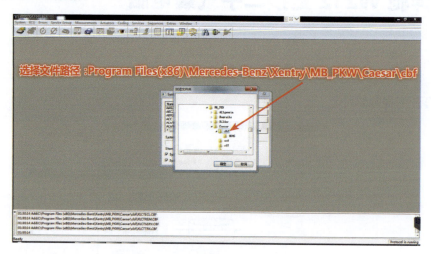

5）选择"ORC_212",然后单击"OK"按钮。

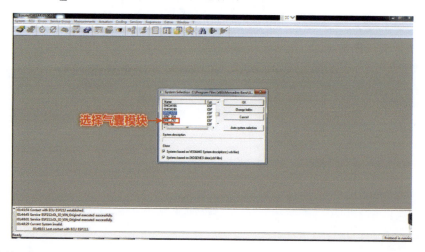

6）连接 ORC_212 气囊电脑。

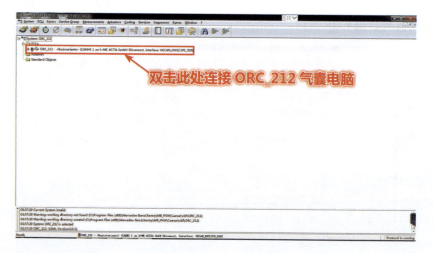

7)连接成功。

2. 匹配详细步骤

1)首先双击授权文件，然后双击解锁，再双击写入防盗信息，再双击上锁，匹配完成。

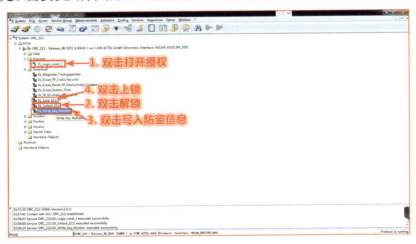

2)匹配成功。

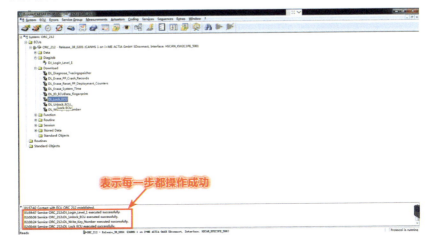

奔驰 W221 蓄电池灯报警维修

1. 故障现象

奔驰 W221 仪表板提示蓄电池故障，但是发电机发电功能正常，蓄电池也是好的，一般是前 SAM 出现故障。如果用传统办法必须拆下 SAM 给芯片写数据；如果用工程师软件则可以免拆修复。

仪表板显示蓄电池故障如下：

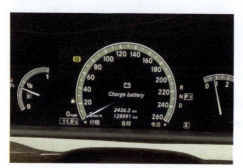 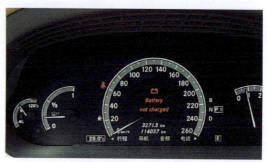

2. 找出正确的 CFF 文件

1）读取前 SAM 软件号。

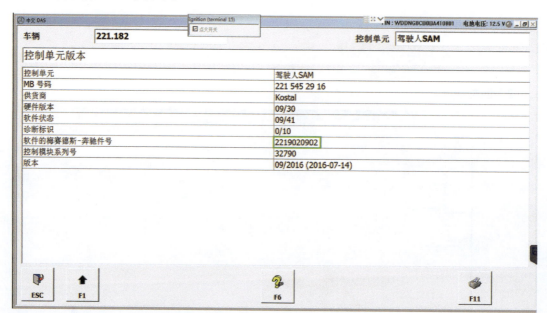

2)在 C 盘绿框内的文件路径下,搜索要找的 CFF 文件。

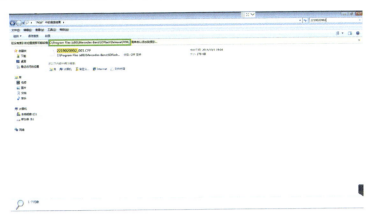

3. 连接前 ASM

1)打开工程师软件。

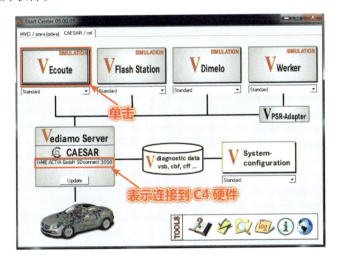

2)单击加载诊断数据。

3）查找诊断数据 CBF 文件。

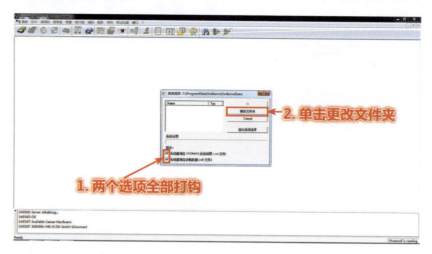

4）选择对应的 CBF 文件，然后导入。

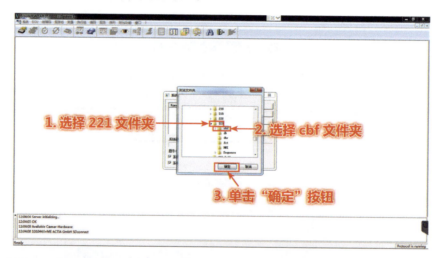

5）选择 SAMF221（前 SAM），单击"OK"按钮。

6）双击连接 SAMF221，"√"变为灰色表示连接成功。

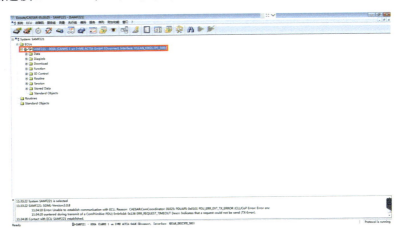

4. 编程详细步骤

1）首先复制要写入的 CFF 文件，然后单击编程图标。

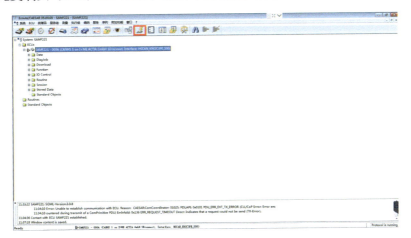

2）单击"Flash 数据管理"按钮。

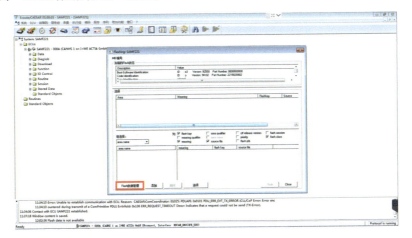

3)单击"添加"按钮。

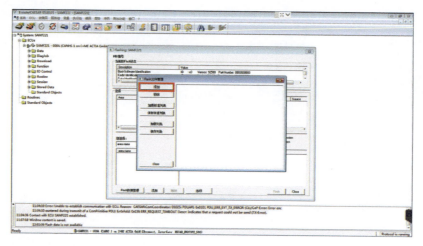

4)把要写入的 CFF 文件粘贴到此处,然后单击"打开"按钮。

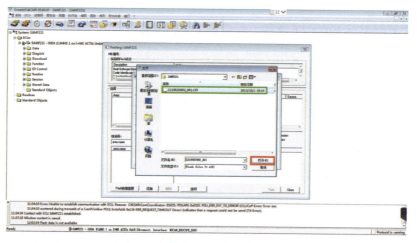

5)要写入的文件已载入,单击"Close"按钮退出。

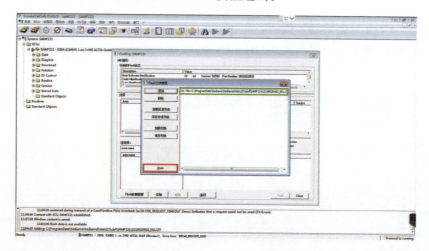

6）双击第一个框中的文件，双击后自动生成第二个框中的文件，然后再双击第二个框中的文件，双击后自动生成第三个框中的文件，然后单击"Flash"按钮开始编程写入数据。

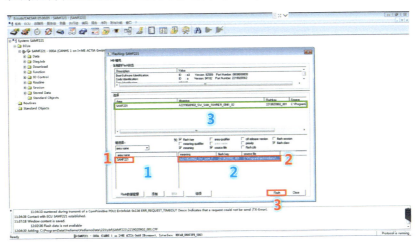

7）正在编程。

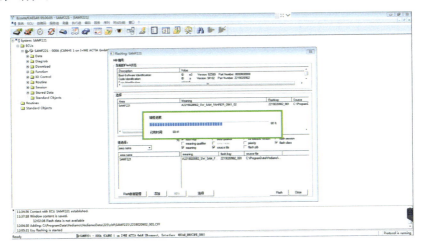

8）编程完毕，软件自动退出编程页面。

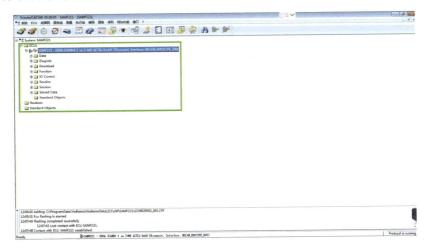